中国饮料龙头企业的权威传记

传"琦"娃哈哈

1987—2017

风景彭湖　著

中国商务出版社

图书在版编目（CIP）数据

传"琦"娃哈哈 / 风景彭湖著 . -- 北京 : 中国商务出版社 , 2017.3

ISBN 978-7-5103-1837-5

Ⅰ . ①传… Ⅱ . ①风… Ⅲ . ①饮料工业—工业企业管理—研究—杭州 Ⅳ . ① F426.82

中国版本图书馆 CIP 数据核字 (2017) 第 064708 号

传"琦"娃哈哈
CHUANQI WAHAHA

风景彭湖　著

出　　　版 : 中国商务出版社
地　　　址 : 北京市东城区安定门外大街东后巷 28 号　邮编 : 100710
责任部门 : 国际经济与贸易事业部（010-64269744　bjys@cctpress.com）
责任编辑 : 张永生　张高平

总 发 行 : 中国商务出版社发行部（010-64269744　64515150）
网　　　址 : http://www.cctpress.com
邮　　　箱 : cctp@cctpress.com
印　　　刷 : 北京密兴印刷有限公司
开　　　本 : 787 毫米 ×980 毫米　1/16
印　　　张 : 11.25　彩插 : 0.25　字　数 : 123 千字
版　　　次 : 2017 年 5 月第 1 版　印　次 : 2017 年 5 月第 1 次印刷
书　　　号 : ISBN 978-7-5103-1837-5
定　　　价 : 38.00 元

宗庆后与作者合影

宗庆后心系员工，年年涨工资发红包

娃哈哈

杭州娃哈哈集团有限公司

又是1000万！娃哈哈助学"春风"暖人心

序

  娃哈哈是中国饮料产业的龙头企业，其独特的经营理念和传奇的创业故事值得挖掘。

  好友孟献国长期从事开发区招商工作，积累了丰富的实践经验。在娃哈哈创业30周年之际，很高兴看到他的新作《传"琦"娃哈哈》。该书既展示了娃哈哈创业历程的酸甜苦辣，又对创业者的经验教训和企业文化进行了提炼与总结，不失为一本现实版成功创业的好教材。

  愿《传"琦"娃哈哈》能给创业者提供有益的启示，愿娃哈哈在今后发展中续写更多的传奇！

《国际商报·走出去周刊》主编

秦庚

2017年3月19日

CONTENTS / 目录

引　言

第二章

"金疙瘩"诞生——

"娃哈哈"的演绎由来

第三章

帝国版图——

"娃哈哈"的疯狂成长

第五章

宗氏管理——

"娃哈哈"的特色文化

后　记

引 言

子曰："三十而立，四十不惑，五十而知天命。"

2017年10月20日，娃哈哈集团将迎来创业30周年纪念日。正值而立之年的娃哈哈从创业初期的3个人、14万元贷款的校办工厂，成长为如今的中国最大、世界领先的饮料集团，娃哈哈集团创始人、董事长兼总经理宗庆后先生也因此三次问鼎中国大陆首富的宝座。2016年，宗庆后又以1120亿元身价，位列中国内地富豪榜第5名。

2016年12月12日，"2016年中国品牌价值评价信息发布会"在北京召开，杭州娃哈哈集团以533.86亿元的品牌价值，位列酒水饮料类别第一名。

娃哈哈的传奇历史，正是宗庆后的传奇创业史。作为中国饮料行业的龙头老大，娃哈哈集团的飞速发展背后有着怎样的传奇故事？创始人宗庆后先生又有着怎样跌宕起伏的曲折经历？

作为娃哈哈集团的荣誉员工，作者潜心关注研究娃哈哈企业文化16年，让我们随着一位荣誉员工的目光，一道探寻娃哈哈30年曲折而又神奇的创业历史，走近平民首富宗庆后充满激情的创业人生……

第一章

达 娃 纠 纷
——"娃哈哈"的依法捍卫

娃哈哈，作为中国饮料行业的龙头老大，自20世纪90年代开始在国内家喻户晓，其知名度和美誉度可喻之为中国的"可口可乐"。

历时两年半的达能与娃哈哈品牌纠纷，纷纷扰扰，扑朔迷离，至今仍有不少人不明真相。达能与娃哈哈关于无形资产的品牌纠纷，已作为经典案例被引用到国际经济纠纷教案中讲述。

关于娃哈哈的传奇，不妨从达能与娃哈哈的品牌纠纷说起……

一篇新闻，揭开达娃濒临破裂的"婚姻"

达能与娃哈哈的合作曾被业界称为模范的中外联姻，但突然而至的一篇新闻打破了这一美丽的神话。

2007年4月3日，一个平常的日子，濛濛细雨过后，窗外的二月兰清新地绽放着，空气中弥漫着春的气息。然而，对于娃哈哈乃至饮料产业界来说，这天注定是一个不平常的日子，一篇"宗庆后后悔了"的新闻报道突然出炉，犹如平地一声惊雷，令中国商界为之震惊。后来随着达能与娃哈哈纠纷的事件展开，其影响远远超越了商界与国界。

当我从同事叶晓晨手中接过《经济参考报》时，其醒目的标题和义正词严的文字也着实令我惊愕不已。

经济参政报

宗庆后后悔了

"由于当时对商标、品牌的意义认识不清，使得娃哈哈的发展陷入了达能精心设下的圈套。"宗庆后提及当年签署的一份合同追悔莫及。"由于本人的无知与失职，给娃哈哈的品牌发展带来了麻烦与障碍，现在再不亡羊补牢进行补救，将会有罪于企业和国家！"

娃哈哈的创办者及掌门人宗庆后，最近遭遇了一件忧心的事：法国达能公司欲强行以40亿元人民币的低价并购杭州娃哈哈集团有限公司总资产达56亿元、2006年利润达10.4亿元其非合资公司51%的股权。

"一旦得逞，中方将丧失对娃哈哈的绝对控股权。"宗庆后对此显得忧心忡忡。

不经意的条款，却是精心的布置？

1996年，娃哈哈与法国达能公司、香港百富勤公司共同出资建立了三家公司，共同生产以"娃哈哈"为商标的包括纯净水、八宝粥等在内的产品。当时，娃哈哈占到了49%的股份，达能与百富勤为此专门在新加坡成立了一家投资公司——金加公司，通过金加公司持有娃哈哈合资公司的51%股份。1998年亚洲金融风暴之后，香港百富勤破产，将其在金加公司中的股权卖给了达能，从而使达能跃升到了51%的绝对控股地位。在合资之初，合资各方同意合资公司将继续使用"娃哈哈"商标，并约定娃哈哈集团将"娃哈哈"商标权转让给合资的公司，但转让申请交到国家商标局，商标局一直没有批准，因此后来双方改签了一份商标使用合同。

让宗庆后没有想到的是，合同中一项看似不经意的条款，却让娃哈哈在日后陷入了被动。双方在合同上签署有这样一条："中方将来可以使用（娃哈哈）商标在其他产品的生产和销售上，而这些产品项目已提交给娃哈哈与其合营企业的董事会进行考虑……""这一条简单地说，就是娃哈哈要使用自己的商标生产和销售产品，需要经过达能同意或者与其合资。"宗庆后说。从1996年合资开始到2006年纠纷爆发，娃哈哈相继又与达能合资建立了39家合资公司。

然而，合资以后，双方的合作并不愉快。

20世纪90年代中后期，伴随着企业实力的迅速增强、产品营销网络的日益健全和产品形象的深入人心，娃哈哈亟须通过规模扩张和跨地区设厂来扩大产能。然而在投资建厂等诸多问题上，达能却与娃哈哈意见相左。比如，为了响应国家号召，同时也为了完成企业产品在中西部地区的产业布局，娃哈哈的决策层希望能够参与到西部大开发、对口支援革命老区、国家贫困区、三峡库区建设等项目中去。但达能因为顾虑这些地区的消费能力，不愿意进行投资。因为是合资方，达能不愿意投资，娃哈哈也不能自行投资。双方发生了尖锐的矛盾。

而就在此时，达能收购了当时娃哈哈最大的竞争对手乐百氏。这让宗庆后隐隐约约感觉到了不安。在意识到与达能的合作不仅不能产生积极的意义，甚至还限制了娃哈哈的发展之后，1999年，宗庆后和中方决策班子商量决定，由职工集资持股成立的公司出面，建立一批与达能没有合资关系的公司。

盈利的要参股，亏损的甩包袱？

这些公司大多建立在西部、对口支援的革命老区、国家贫困区以及三峡库区等当初达能不愿意投资的地区，并取得了良好的经济效益。到2006年，这些公司的总资产已达56亿元，当年利润达10.4亿元。

或许是良好的业绩让达能觊觎。几年后，达能突然以商标使用合同中娃哈哈集团"不应许可除娃哈哈达能合资公司外的任何其他方使用商标"为由，要求强行收购这几家由娃哈哈职工集资持股成立的公司建立的、与达能没有合资关系的公司。这让宗庆后恼火不已。

宗庆后说，这些年来，娃哈哈为了履行合约，就连不是与达能合资公司生产的产品也是通过双方合资的销售公司进行销售的，这已经为达能赚取了巨额利润，现在达能又要以低价并购其他公司，完全没有道理。此外，娃哈哈集团公司与达能公司都是合资公司的股东，一方股东限制另一方股东的发展亦有失公允。

"达能公司一直压低在娃哈哈的投资额，而且员工的工资、福利亦不愿考虑。"宗庆后给记者算了一笔账：10多年来，达能在娃哈哈仅投资了1.7亿美元，连买设备建厂房的钱都不够，至今缺口尚达16.04亿元人民币，全靠娃哈哈的资金在周转，而这10年来达能已获分红3.8亿美元，折合人民币31.39亿元，而且合资公司的资产还增值了51%。

"我们当初的许多投资决定，都曾遭到达能的抵制和反对，并拒绝投资。但当娃哈哈将企业办好了，产生经济效益了，达能却又要强行投入。对于一些暂时还产生不出效益的，达能已投入的亦要求退出。"宗庆后对于达能的功利做法表示出强烈的不满。同时，近10年的接触也使其对达能的管理能力和实际目的产生了担忧。

并购不为做大，套取巨额资金才是目的？

10年接触，宗庆后不断揣摩达能合资和并购娃哈哈的真实目的。"最开始，我们只是单纯地认为，这是达能对娃哈哈企业品牌形象及其生产销售能力的认可和肯定，但其在中国境内接连不断地并购举动及其并购后的表现让我们渐渐认清了达能的真实目的：达能并购娃哈哈以及中国其他一些大企业的行为，不是为了将这些企业经营壮大，而是为了资本运作——将中方企业股权低价收购后再在国际市场上出售或上市，以套取巨额资金和利润。"

宗庆后说，目前已有达能在中国将豪门啤酒厂等收购后再高价卖出的案例。10年来的合作证明，达能公司来中国，扮演的是一个财富瓜分者的角色，而非一个善意的合作者和财富的共同创造者。

宗庆后担心，一旦达能以51%股权的优势拿走对娃哈哈的控制权，则娃哈哈极可能重蹈乐百氏的覆辙。"到时娃哈哈两万名员工怎么办？娃哈哈这个品牌怎么办？"

行为违反国家规定，专家呼吁反垄断调查

据记者了解，目前达能公司在中国饮料行业10强企业中，除了已收购娃哈哈的39家企业和乐百氏98%的股权之外，还收购了深圳益力矿泉水公司54.2%的股权、上海梅林正广和饮用水公司50%的股权，以及汇源果汁22.18%的股权。同时，达能还收购了奶业企业蒙牛50%的股权，以及光明乳业20.01%的股权，这些企业都拥有中国驰名商标，是行业的排头兵。

对此，中国国际经济贸易仲裁委员会顾问李国光认为，达能公司实际上已经对中国的饮料业进行了垄断，严重违背了国家六部委《关于外国投资者并购境内企业的规定》中"并购方在中国营业额超过15亿元人民币，境内资产拥有30亿元以上，境内企业超过15家，必须报经国家商务部、国家工商总局审查的规定。"

李国光认为，从娃哈哈与达能的商标使用合同来看，确实娃哈哈因签订了那么一条不公正条款而受到了限制，但这个合同可以被认为是娃哈哈主观上失误导致的"缔约过失"，显失公平，可请求采取行政协商解决，废除合同。

同时，李国光认为，也可对达能进行反垄断调查，按照国际惯例，采取法律手段强行解除其垄断地位。

在2007年全国两会召开期间，与会的多位企业家代表不约而同地递交了关于尽快出台《反垄断法》的议案。全国人大代表、中国最大的低压电器生产商正泰集团董事长南存辉认为，控制外

资并购、防止行业垄断，符合国外立法潮流和国际惯例。美国、德国、日本等发达国家以及许多发展中国家很早就开始外资并购审查和反垄断立法，防止外资通过并购控制国内行业、实施垄断进而威胁国家经济安全。如德国法律明确规定，禁止导致收购方产生或强化市场垄断地位的并购行为：加拿大规定，超过两亿美元的并购协议必须经过政府批准后方可生效；美国国会和政府对外国并购更是层层把关，多道设防。

"通过立法对外资恶意并购和垄断进行审查，既符合国际潮流，也是对外交往中对等原则的体现，更是保障经济安全、扶持国内企业的有效法律手段。"全国人大代表、华东医药股份有限公司董事长李邦良说。

报道一经刊发，立即产生巨大反响。《第一财经日报》《东方早报》《上海证券报》等众多媒体纷纷跟进报道，人民网、搜狐、新浪等十家网站随即转载，业内外人士纷纷发表看法，数以万计的网友跟帖热议，一场达能与娃哈哈纠纷的大讨论呈爆棚之态。

娃哈哈与达能此次纠纷的核心与焦点究竟是什么？宗庆后给予了解释：达能要低价并购非合资公司51%的股份，全面控制整个娃哈哈，娃哈哈不同意让其并购。于是达能以娃哈哈违反所谓的"同业竞争"条款及"滥用娃哈哈商标"为由，以诉诸法律来胁迫娃哈哈将股权出售给他。

犹如打开潘多拉盒子，达娃纠纷从此便一发不可收拾了。

法国达能，血液里流淌着合并文化

达能也可称之为并购的代名词，并购文化是达能的本质所在。如此看来，达娃合作的开始就已潜藏纠纷的隐患。

达娃纠纷曝光后，把事件的另一个主角也推向了舆论焦点。达能集团是怎样的企业呢？达能中国区主席秦鹏说："达能的血液里就有合并的文化。"1899年2月2日，达能集团的前身诞生于西班牙巴塞罗那，创始人是一名出生于希腊的橄榄油商人。这名商人和其家族成员此后辗转于欧美各国。1966年，这家公司与法国一家玻璃制造商合并并更名为BSN。1970年，BSN优雅地转身，开始进军食品工业。

事实上，达能全球业务与"并购"二字密不可分，其进入食品行业就是以并购开始的。1973年，BSN与一家乳品及面条生产商合并后，年销售额达14亿欧元，其中，食品饮料业务占据52%的份额。此时，BSN的掌门人正是日后与宗庆后合作的小里布先生之父。

BSN集团于1994年更名为达能集团，其三大主营业务分别为鲜奶、饮料和饼干。英国《经济学人》杂志曾总结达能扩张战略的三个要点：一是在世界各地广泛收购当地优秀品牌，实行本土文化、多品牌战略；二是果断地从衰退行业转向朝阳行业，并不断抛弃边缘产品和效益不佳的企业；三是把自己定位为一家全球化公司，在任何一个市场上准确袭击国际竞争对手。更精炼地说，达能的法宝就是"吞"和"吐"，即并购与出售。

两厢情愿，一段短暂的蜜月期

不能因为达娃纠纷，把达娃合作说得一无事处。事实上，达娃双方各取所需，都取得了不同程度的收益。

达能与娃哈哈走到一块儿，并非纯属偶然。1996年5月，小里布成为达能集团主席兼首席执行官，正是这一年，达能注资4500万美元到娃哈哈并成为合资公司的控股人。很难说双方是谁先主动找上谁，开始合作源于两情相悦，各有所求。达能看中娃哈哈的品牌、营销网络和赢利能力，而娃哈哈则看中达能的雄厚资金、先进技术和管理经验。

宗庆后曾经试图通过上市筹得更多的企业发展资金，为此，1992年9月7日，注册1.83亿元成立了娃哈哈美食城股份有限公司。但由于申报材料太多的漏洞被证监会正式否决，还受到了三年内不得再次申请的处罚。

上市的失败，也促使娃哈哈转向达能这样有实力的国际资本。这段看似充满浪漫的跨国"婚姻"成就了达能，同样也成就了娃哈哈。合作初期，双方度过一段短暂的"蜜月期"。达娃合资后，娃哈哈推出的纯净水和非常可乐均取得重大成功。宗庆后前往法国巴黎的达能总部参加会议时，还得到达能总部升起五星红旗的隆重礼遇。

达娃先后"出轨"，合作双方同床异梦

达能与娃哈哈联姻伊始，就已经埋下不和谐的种子。达能通过控股乐百氏和参股蒙牛、光明屡屡"越轨"，宗庆后也大力度做大娃哈哈旗下的非合资企业，形成了自己的"私生子"。

跨国婚姻绕不开文化理念的冲突与碰撞，双方合作不久就出现了矛盾，达能抱怨宗庆后独断专行，不尊重大股东意见；而宗庆后则认为达能不尊重合作方，对别人限制重重，而对自己则很自由。

早在1996年合作初期，达能与娃哈哈争夺主导权就在或明或暗中博弈，宗庆后依靠他一贯的铁腕风格，掌控着合资公司的控制权和经营权。对国际并购业务驾轻就熟的达能则更胜一筹，通过与百富勤共同注册的金加公司，不动声色地拿下了合资公司的51%控股权。应该说，在首轮较量中达能占了上风。

2000年3月，达能出资23.8亿元控股乐百氏的92%股份。乐百氏是娃哈哈最主要的竞争伙伴，乐百氏的创始人何伯权小宗庆后16岁，他与宗庆后亦敌亦友。达能通过控股娃哈哈的主要竞争对手，从而占有更大的主动权，宗庆后越发感觉到了危机与被动。

如果说达能的出轨是恋上乐百氏，那么娃哈哈的出轨就是恋上非合资公司。1999年，宗庆后和中方决策班子商定，由职工集资持股成立一批与达能没有合资关系的公司。非合资公司陆续在全国各地投资建厂，2005年成立的江苏宿迁娃哈哈饮料有限公司也是在这种背景下成立的。一批非合资公司的成立，成为宗庆后

变被动为主动的重要举措，为日后与达能背水一战提供了载体与平台。

2006年，娃哈哈非合资公司资产达56亿元，年利润达10.4亿元，达能欲以40亿元强行并购非合资公司51%的股权，而宗庆后和娃哈哈方面则坚决不同意并购，双方矛盾在2007年4月3日《经济参考报》报道后，立即引起社会强烈关注。

随着达能和娃哈哈的先后"出轨"，双方已是同床异梦，一桩看似美满的婚姻出现了严重危机。

聚焦品牌纠纷，娃哈哈商标归属众说纷纭

娃哈哈品牌纠纷给宗庆后上一堂很好法律课，重新界定对无形资产价值的认识，并更加注重合同条款的审定。

双方口水战很快聚焦到娃哈哈的品牌纠纷，达能方面认为，娃哈哈商标所有权属于合资公司，非合资公司未经许可无权使用娃哈哈商标。

宗庆后开始陷入两难的境地，要么同意达能对非合资公司的并购，要么非合资公司停止生产娃哈哈产品。如此一来，娃哈哈商标所有权究竟属于谁？就成为此次纠纷胜败之关键。

合资之初，达能提出将娃哈哈商标转让给合资公司，因为宗庆后是合资公司董事长兼总经理，达能当时并没有直接控股，将商标转让到合资公司，就好比从左口袋转到右口袋，所以宗庆后没有反对。但由于"娃哈哈"是中国驰名商标，国家商标局没有批准这次转让，于是，双方就改签了商标使用许可合同，来替代商标转让协议，而且根据达能的要求，许可合同签了两个版本。给国家商标局备案的是简式许可合同，而私下双方又签订了一个繁式许可合同，这就是后来被媒体反复提及的所谓"阴阳合同"。

问题就出在双方私下签订的繁式许可合同，其中约定："中方将来可以使用（娃哈哈）商标在其他产品的生产和销售上，而这些产品项目已提交给娃哈哈与其合营企业的董事会进行考虑……"这些拗口的措辞被达能解读为：非合资公司如果使用娃哈哈商标，必须要经过合资公司的董事会批准。

舆论口水战，双方交恶渐行渐远

公说公有理，婆说婆有理。达能认定宗庆后不讲诚信，签过的协议不认账。宗庆后认为草签的是不具法律效力的意向书，坚决不做损害股东利益的事。

从此，双方围绕娃哈哈商标所有权的归属展开激烈争辩，不仅引起业内及法律界人士关注，甚至成为人们茶余饭后谈论的焦点，一时娃哈哈被推到舆论的风头浪尖。

达娃矛盾被媒体无意间泄露后，达能集团迅速作出反应，成功地引导初期舆论向有利于自己的方向发展。

作为达能亚太（上海）管理有限公司的新闻发言人，奥美公关丁莹女士针对《宗庆后后悔了》的报道措辞谨慎："收购这件事情有很大误解，所谓'达能在10多年前精心布置圈套'的情况根本就不存在，我们会尽快向外界解释清楚所有的事情。"

随后，达能方面还证实，2006年12月，达能确实要求以40亿元人民币的价格收购这些非合资公司51%的股权，当时宗庆后已经在协议上签了字，签过名的协议怎么能说反悔就反悔呢？一时间，宗庆后被贴上了不守信的标签。

宗庆后解释说："非合资公司的股权是大家的，不是我一个人的，职工持股会和全体员工不同意卖。里布跑到杭州天天逼我签协议，同时，还通过法国大使向国家相关部门告状向我施压，不得已我只好以个人名义和里布签署一个不具有任何法律效力的意向书。后来我拒绝再签署相关合同，这也得到所有娃哈哈员工的支持。"

面对达能与娃哈哈的纠纷，一些第三方力量也参与进来，比如冀书鹏将他的调解方案分别寄给秦鹏和宗庆后，由于宗庆后不予理会，充当"和事佬"的冀书鹏最终斡旋失败。

无独有偶，北京和群创业咨询有限公司总裁李肃也介入其中，李肃向达能发出一封措辞强硬的公开信，要求达能退还娃哈哈品牌，并对损害光明乳业小股东利益行为作出赔偿。和群创业的意外介入，让达娃之争的形势更加复杂起来。

宗庆后VS范易谋，你来我往难分胜负

先发者制人，后发者制于人。范易谋抢先发难占据了冲突初始阶段的主动，但宗庆后占据天时地利人和，很快变被动为主动。

范易谋，1962年出生于法国，1999年被任命为达能集团首席财务官，2005年7月1日，范易谋就任达能亚太区总裁时，他把达能亚太区总部从新加坡搬到上海。正是他亲手挑起了达娃之争。

从2007年4月开始，作为达娃双方的主角，宗庆后和范易谋刀来剑往大战数个回合。首先是范易谋突然发难，提出娃哈哈非合资公司使用娃哈哈商标非法，要求并购娃哈哈非合资企业。对此，范易谋表达得非常直白："一个最简单的解决方案，就是将这些非合资企业变成合资企业。"

4月12日，范易谋专程从巴黎飞到上海接受媒体采访。这位法国人直接指责宗庆后违反合同。

矛盾激发后，宗庆后依靠娃哈哈长期经营的"家"文化和经销商这支特别纵队，几乎是一呼百应，以压倒性的舆论形成对达能的声讨。

宗庆后是服软不服硬的人，身上具有愈压愈强的不服输潜质。不懂宗庆后的范易谋犯了一个重大错误，竟然撂下"让他在诉讼中度过余生"的狠话，把达娃双方都逼上了法律战。

范易谋的狠话绝非空穴来风，法国人的确做好了与宗庆后对簿公堂的准备。

达能引爆法律战，宗庆后强力反击

达能首先引爆法律战，宗庆后突然辞去合资公司董事长并启动更多的法律战，合资公司的轮番诉讼搞得范易谋焦头烂额，甚至对送文书的法院人员连连摆手："我不是范易谋。"

2007年5月28日，范易谋向《21世纪经济报道》独家证实，达能（亚洲）及其全资子公司已经正式向瑞典斯德哥尔摩商会仲裁院提出8项仲裁申请，这标志着达能正式启动法律程序。

2007年6月4日，达能在位于美国洛杉矶的加利福尼亚州最高法院对恒枫贸易有限公司和杭州宏胜饮料有限公司，以及两公司关联人员宗庆后的女儿宗馥莉、妻子施幼珍提起诉讼。

2007年6月7日，宗庆后突然宣布辞职，娃哈哈集团的书面声明很快出现在各大门户网站：6月6日，娃哈哈集团有限公司董事长宗庆后已向娃哈哈与达能合资公司董事会辞去合资公司董事长职务。

新浪网随后发布了达能集团的回应：接受宗庆后辞呈，任命范易谋先生临时接替合资企业董事长之职。

当天晚间，宗庆后发布了《给法国达能集团董事长里布先生及各位董事的公开信》。公开信中，宗庆后首先回顾了任职合资公司11年2个月期间的工作与贡献，谈到与对方董事合作的艰难与伤害，宗庆后在坦陈自己的反思后，以"不管风吹浪打，胜似闲庭信步"来表达当时的心境，最后，宗庆后似信手一挥："达能，斯德哥尔摩见！"

失去宗庆后的娃哈哈就像一列失去引擎的火车头，根本无法牵引合资企业这列火车在中国市场上纵横驰骋，明眼人不难看出，宗庆后的辞职并不是他谢幕的标志，而是以退为进的策略。

2007年6月8日，是宗庆后特别高兴的日子。娃哈哈集团公布了一份国家商标局《关于娃哈哈商标转让申请审核情况的复函》，复函指出："杭州娃哈哈集团公司于1996年4月和1997年9月先后向我局提交了《关于请求转让娃哈哈商标的报告》和《关于转让娃哈哈注册商标的报告》，要求将该公司名下的200多件注册商标转让给合资公司——杭州娃哈哈食品有限公司，但我局根据《规定》，均未同意转让。"这对宗庆后来说，是一个重大利好消息，意味着娃哈哈商标转让失去了法律基础。也就是说，"娃哈哈"商标所有权仍属于娃哈哈集团。

2007年6月14日，一向被指责"缺乏契约精神"的宗庆后终于打响了法律战。娃哈哈集团提起的"娃哈哈"商标转让纠纷仲裁申请被正式受理。达能终于见到宗庆后连环回击的力度。

2007年7月3日，宗庆后对达能的狙击进一步升级，娃哈哈集团在杭州第一世界大酒店举行大型媒体见面会，包括凤凰卫视、法新社、美联社等200多家中外媒体记者应邀参会。宗庆后坦陈："我现在是依法办事，通过这次纠纷我学会了很多法律知识，不给人家抓住把柄，一切按法律走。"

当晚的答谢晚会，压轴节目是大合唱《团结就是力量》，宗庆后为娃哈哈人的合唱担任了总指挥。宗庆后打着拍子，在场的娃哈哈人引吭高歌。当唱到"这力量是铁，这力量是钢，比铁还硬，比钢还强！"时，宗庆后眼睛湿润了。

"不是东风压倒西风，就是西风压倒东风。"此时的宗庆后有了足够的底气，他公开声称娃哈哈商标所有权属于娃哈哈集团。对于达能并购非合资公司的计划，"不存在这种可能性！"宗庆后明确表示，"达能说要讲法律，那好，我就和他讲法律。"

巧合的是，这次大型媒体见面会的前一天，作者本人带着《公司法》和《商标法》也来到杭州娃哈哈总部，在与宗庆后见面交流中没有回避"达娃纠纷"这一敏感话题。我提出希望采访达能和娃哈哈双方当事人，以便向公众披露"达娃纠纷"的真正内幕，宗庆后微笑颔许，但后来因没能采访到范易谋而作罢。

7月10日，娃哈哈集团新闻发言人单启宁披露，沈阳娃哈哈饮料有限公司股东之一——沈阳陵东实业发展总公司已经以"违反董事对公司忠实义务和意见禁止业务"为由，起诉达能方董事、达能中国区主席秦鹏。沈阳市中级人民法院已经受理此案。

接下来在广西桂林，娃哈哈集团与林祥昇工贸有限公司一起起诉了嘉柯林；在吉林、宜昌等合资公司所在地，娃哈哈合资公司的股东们开始了对范易谋、秦鹏、嘉柯林的轮番诉讼。

范易谋和秦鹏对不断送上门的法律文书叫苦不迭，有好几次，送法律文书的法院人员到了达能位于上海的亚太区总部，都被前台告知范易谋先生和秦鹏先生不在。

更为搞笑的一次，一位送文书的法院人员恰好找到了范易谋，范易谋却连连摆手："我不是范易谋。"

中国古语云："种瓜得瓜，种豆得豆。"充满并购文化的达能，正在为它投机色彩的中国战略付出代价。

给法国达能集团董事长里布先生及各位董事的公开信

尊敬的里布董事长先生及各位董事：

您们好！

本人自1996年4月担任娃哈哈与达能公司合资的5家公司的董事长，一直到目前担任娃哈哈与达能合资的29家公司与10家二级公司的董事长，历时已11年2个月。由于本人无法忍受合资公司贵方两位董事(即贵集团亚太区总裁范易谋先生与中国区主席秦鹏先生，下同)的欺凌与诬陷，使我的名誉与感情受到了极大的伤害，同时也需要腾出精力和时间来应对贵公司提起的法律诉讼，按范易谋总裁的说法，我将在诉讼中度过余生。因此，不得不辞去娃哈哈与贵集团合资的29家公司及10家二级公司的董事长的职务。为了给合资公司大股东一个交待，现将本人这11年2个月在合资公司任董事长期间的所做工作及对贵方两位董事的看法陈述如下：

一、我任娃哈哈与达能合资公司董事长期间做了些什么？

1.1996年，合资公司仅有5家企业；发展至今已有29家合资企业及10家二级企业，合计39家合资公司。

2.1996年，合资公司的销售收入为8.65亿元人民币；2006年的销售收入为140.52亿元人民币，增长16.25倍，累计实现销售收入687.58亿元。

3.1996年实现利润1.11亿元，2006年为10.91亿元，增加9.82倍。累计实现利润69.65亿元，用于分配60.34亿元，其中达能分回红利30.77亿元。

4.双方包括10家二级公司的其他股东合计投入资本金33.29亿元，实际投入固定资产44.39亿元，至今仅购置设备、土地、建设厂房的资金尚缺口8.8亿元，尚不计其他生产流动资金，全是我方设法筹措的。合资公司资产1996年为10.49亿元，2006年已增至78.9亿元。

5.资本金回报率：1996年为15.8%，2006年增至43.89%。

6.2007年1至5月，尽管贵方两位董事欲置本人于死地，但本人还是在负责任地管理合资公司，2007年1至5月份销售额实际增长25%(按合资公司自己的销售额对比)，1至5月份利润增长25.12%。

从以上成果看，本人自认为在担任合资公司董事长期间是尽责与称职的，为合资公司的发展作出了不小的贡献。从今以后本人不在其位，亦决不会再谋其政，恕我不能再为其负责。

二、我在合资公司任职11年2个月的感受

1.贵方董事永远有理，随时可以把刀架在你头上

贵方董事一方面对本人提出了每年的利润增长要求，而另一方面又通过其董事会占多数的优势，对本人作出了许多限制条款的决议。例如：要求作为执行董事的我"在每一财政年度结束前至少一个月，应向董事会提交下一财政年度的总预算"，其中包括"每项主要固定资产开支均需备有一份详细的可行性研究报告(任何金额超过人民币一万元支出项目均视为主要固定资产开支项目)；并规定5项"尤其须经董事会事先批准"的内容，其中有"非有关雇用合同所规定，向执行董事本人或向公司或其附属公司的其他人士支付的任何种类的款项"。如果执行这个决议，那我们每一项经营活动均需做一个详细的可行性研究报告，等待董事会的批复，甚至连出一趟差均要等董事会的批复，而贵方董事平时在什么地方都不知道，这个企业究竟如何经营下去？如果你不理他擅自干了，他随时可以违约为由砍你的头，如果你守约影响了经营其又可以经营不善为由砍你的头。回想与他们激烈争斗的11年2个月还算是命大、长寿的，与乐百氏中方经营者早被人砍了头赶出了疆场相比还是幸运的。

2.与不懂中国市场与文化的贵方董事合作是相当艰难的

由于贵方委派的董事根本不懂中国的市场，捕捉不到商机，而且除了每季开一次董事会要我们汇报经营状况、分析市场形势、提出下阶段营运方案，平时可以说根本看不到他们的人，而

23

且可以毫不夸张地说，他们可能对39家合资企业大门朝哪里开都不知道。本人为了合资公司的发展，多次向董事会提出开拓市场和开发新品的合理化建议，如增加水线扩大瓶装水的生产能力、生产非常可乐及根据市场的需要和响应政府部门的号召，到一些欠发达地区，同时亦是市场处女地的区域建厂，不仅有帮助贫困地区脱贫的社会效益，同时也会产生可观的经济效益等，但屡屡遭到他们的否决。在这种情况下，为了合资公司的发展，本人也只好干了，否则我如何履行作为一个实际经营者为股东创造利益与回报的责任。而他们既反对亦知道我干了，亦没有采取任何限制的行动，幸运的是，我干成功了，大大提高了合资公司的投资回报率，使合资企业得到了突飞猛进的发展，才免遭了像乐百氏管理层被赶踢出局的厄运。

3.既不想承担风险，又不愿履行责任，总想攫取别人的利益，对合资公司没有丝毫帮助

在合资的前几年，贵方委派的董事对我们提出来的发展项目总是不愿投资，要等我们投资了、产生效益了，他们又要硬挤进来了，不给他进还不行，实际上是让中方承担前期投资的风险。等到后几年看看我们每一次都很成功，当年投产当年产生效益，总算是愿意投了，但投了之后一下子尚产生不了效益又要求退出，南阳的方便面项目就是如此，还非得要我们将股权买回去。我们的合资公司是1996年4月成立的，而贵方董事却要求我们将合资前的三月份利润亦要分给他们。11年来，根据技术服务合同，贵方从合资公司拿走了8000多万的技术服务费。而这11年来

他们却没有提供过任何技术服务，他们所谓的"合同规则""契约规则"又到哪里去了？连我们要筹建一个科研中心，要到法国去参观考察一下，他们还要向我们收取陪同人员的差旅费，每人1.2万欧元的陪同费。如果要接受培训每人每月每人每月还得付1.2万欧元的培训费。他们派来一个技术总监，非但没有提供任何技术，反而在收集我们的配方工艺。我们与你们在印尼合资的乳品厂至今亏本，他们连报表都难得给我们一份；而且从设备选型、配方工艺一直到安装调试、解决质量问题都是我们派人无偿予以解决的。相比之下，你们是否亦太小家子气了？最近范易谋还说营养快线是与我们共同开发的。请去问一下我们的产品到底是谁开发的？亦可问一下贵方的两位董事，他们现在能否生产一批与我们一模一样的营养快线让我们看看？

三、并购不成，就搞个人人身攻击，欲将我置于死地而后快

1.贵集团欲收购我们与贵集团非合资企业的51%股份

说实话，这些公司均是由我司员工集资为主建立的，实际上亦是为了稳定队伍，增加员工收入而建的。这些公司的成立亦是贵集团董事清清楚楚知道的，而且产品本身都是通过合资公司销售公司销售的。而他们开始要求以净资产的价格收购这些公司51%的股份，然后给我6000万美元补贴的方法来收购，你们想想员工能同意吗？他们通过辛勤的劳动将这些公司发展起来了，承担了风险，付出了心血，而你们平白无故地要以净资产去收购他们的股份，是否与抢劫一样？而且本人为了这点私利去损害员工

利益，这和事本人会干吗？说的严重一点，他们是在贿赂我，要我去侵害小股东的利益，而达到他们廉价收购的目的。即使后面以40亿收购价收购，也是低于投资额的。员工是不会干的，公司的股权已是他们的命根子。而收购不成，即利用媒体，不惜造谣，对我及我的家人进行恶毒攻击，到政府告黑状，企图将我置于死地，什么加拿大护照、离岸公司，等等。请拿出证据来！他们无非是想给人造成宗庆后嘴巴上在保护民族品牌，实际上他连中国人都不是了，在维护加拿大、美国的利益的假象而已。而且我的妻子在你们未投资娃哈哈之前就是娃哈哈的员工，为娃哈哈辛勤工作了一辈子，现在退休了。由于公司的奶粉供应紧张，她还在不计报酬地去黑龙江等地解决奶粉供应问题，她又惹你什么了？我女儿大学毕业后在公司打工又惹你什么了？难道我廉价卖给你们了，连我女儿生存工作的权利都没有了？我和娃哈哈与你们的矛盾，与她们又有何相干？你们的两位董事有理就与我来说，甚至到法庭上见，何必伤害我的妻女，破坏我的家庭生活？我深深地感到与这种人相处是很危险的。因此，考虑再三，我不能再与他们相处下去了，否则脑袋掉了都不知道是怎么掉的。而且把矛头对准我的妻女，是否想以绑票的手段来敲诈我、制服我？堂堂一个世界著名的法国大公司，难道真的到了这一境界了吗？

2.言而无信，手段不地道

并购遭拒绝，你们的两位总裁与主席又多次通过法国驻中国大使馆向我国政府施压，而且将此事提高到中法两国关系的高度上来，将企业之间的并购与反并购的问题加以政治化，难道说让你低价并购了中法关系就好了，不让你并购中法关系就不好了？施压不成又花巨资委托公关公司利用媒体，恶毒攻击本人，甚至还重金雇用英国尚未在中国注册的保安公司及邦信阳公司派人对本人与娃哈哈公司进行24小时跟踪监视，拍照摄像，这被警方查获三次，已严重地侵犯了本人的人权、隐私权，本人保留司法诉讼的权利。还通过猎头公司以高于原有收入的三倍、欧洲培训、全球度假的承诺挖我们销售、管理精英，向员工与经销商发函唆使他们背叛娃哈哈。我真不理解作为合资公司控股的大股东对合资公司另一股东做这样的事，到底为什么？娃哈哈与你们的合资企业每月都有详细报表报给你，每年你们指定的普华永道会计师事务所对合资企业进行两次审计，都有详尽报告给你们。如果再想了解什么，你们就问好了，何必采取这种手段来对付自己的合作伙伴？在整个纠纷谈判过程中，上午还要求政府协调，双方不打口水战，不向媒体发表言论，下午就到上海举办新闻发布会，发表不实言论。为此，我们被迫发表了三点声明后，他们又找政府协调要我们不发表任何主张。我们承诺了政府之后就此闭口，没有说过话，而且亦没有接受记者的采访，还引起了媒体的不满。而他们却不断地发布各种各样的攻击性言论，一会说我们非合资企业非法将产品通过合资的销售公司出售产品，一会又要求我们非合资公司的产品低价通过合资公司销售，还说什么付给了我高额的报酬。我管了与你合资的39家公司，仅从一家公司中拿工资，开始每月仅拿到了100多欧元的工资，你们认为我这个工资合理吗？最后还是员工看不下去了，提出来给我加工资，现在才拿到不到3000欧元的工资。就算他们所承诺的每年利润的1%奖金(还制定了很多指标，如达不到还得扣减或取消)及每年10万左右欧元的二资补贴能拿到手的话，我想我亦可能属于世界上最廉价的董事长兼CEO了，而他们还将此作为我的罪状向政府告状，天理何在！

四、11年2个月的反思

本人最近对11年2个月与他们合作的过程进行了反思，我一直坦坦荡荡，总是以和为贵，以情服人。这亦可能是与我们的民族特性有关。第一，我们中华民族是一个讲情理的民族。像商标问题，当初由于我们坚持要打娃哈哈牌子，因此他们提出来要将商标转让给合资公司，我们认为亦是符合情理的。当转让不成，他们要求签订商标许可合同时要求"前提必须是双方原来在合同中有关商标的协议和规定不可改变，而对合同的修订原则上必须为各方对商标的法律权利和义务不能有所改变"，实质上就是要我们签订一个变相的转让合同，但当时碍于情理，我们还违心地与他们签了两份有违中国法律的阴阳合同。因为当初已答应转让，而现在转让不成要兑现以前的承诺。第二，我们中华民族是一个宽容的民族、与人为善的民族，因此总是把好东西先给人家，自己吃点亏亦要让人家满意。与达能合作11年2个月，由于过度宽容、与人为善，我反而被他们认为软弱可欺，造成了目前被贵方董事任意欺凌的后果。

五、达能，斯德哥尔摩见

2006年，他们一提法律诉讼要到斯德哥尔摩提出仲裁，本人就感到头皮发麻。因为既不懂语言又不懂西方文化，又怕被人歧视，说不清、道不明。现在想明白了，一是我们认识到，诉讼与仲裁是一种文明的处理矛盾与纠纷的办法，我们要学会诉讼，敢于诉讼。二是温州正泰集团在法国与法国人打官司亦打赢了，说明世界上正义与公正还是主流。三是现在我们中国亦有了说得清、道得明的人才了，他们会帮我们去说清道明的。四是我们并没有违约、违法。首先违法的是达能，而且达能中国区的管理层一直漠视中国的法规，并在整个合资过程中留下了许多违法的事实。因此，达能还不一定会赢，我们亦不一定会输。在此，我亦不想与你们细述，因为我们要遵守仲裁要求保密的仲裁规则。五是斯德哥尔摩是一个公正的仲裁机构，不会因为你的肤色相同而偏袒你，必定会做出公正的裁决。因此，本人从今以后不与你说了，亦不与你干了，亦不与你玩了，要养精蓄锐到斯德哥尔摩与你去讲理了。中国一位伟人毛泽东的一句诗词"不管风吹浪打，胜似闲庭信步"，可以真实地反映我目前的心情。

六、今天本人告别达能，希望明天达能不要告别中国

达能在中国的名声因娃哈哈而起，娃哈哈亦曾是达能投资的楷模，达能与董事长先生您本人亦曾对娃哈哈与本人赞赏有加。而目前娃哈哈又是贵方委派的董事眼中的敌人，并在媒体上将娃哈哈与本人恶意丑化，已引起了娃哈哈员工与经销商极大的愤怒，亦引起中国人的义愤。本人自认为还是比较大度的，如果贵方董事仅仅与娃哈哈及本人合作不好，可能与本人有关，而他们在中国的其他合作伙伴不是被搞掉了，就是被搞得怨声载道。我

想你们该考虑一下到底是为什么，是否该改变一下他们的思维，改变一下他们的工作方法？是否该尊重一下中国人，尊重一下自己的合作伙伴？否则，我看达能告别中国之日为期亦不远了。

鉴于以上原因，本人无法再担任与达能合资公司的董事长职务了，实际上本人服务期至2005年就已结束了，现在已是超期服务了。这两年还在干无非是珍惜这一事业，珍惜跟随我二十年的员工队伍、经销商队伍而已。中国人有句古话："惹不起还躲得起。"有本事赚钱什么事情不好干，何必再辛辛苦苦找烦恼。实际上我在5月9日已向董事会提出辞去合资公司董事长职务，后来他们找政府协调要求我继续担任。但现在你们一方面诽谤我，欲将我置于死地而后快；而另一方面还要我干，还要我给你们制定2007年的发展计划，我看换了你们亦是不会干的。目前我方已委派了新的董事，并已通知了贵方亚太区总裁，希望他们能与我们新委派的董事有更好的合作。

　　　此致

礼！

宗庆后敬上

二〇〇七年六月七日

依法维权，商标所有权归属娃哈哈集团

在达娃纠纷过程中，宗庆后彷徨过，犹豫过，甚至动摇过，一直到选择依法维权的道路，便柳暗花明又一村了。

双方的法律战进入了焦灼状态，很快，有利于娃哈哈的消息便不断传来，先是桂林方面胜诉的消息，接下来便是"娃哈哈"商标权的归属有了结果。

2007年12月10日，杭州市仲裁委员会确认：自1999年12月6日起，杭州娃哈哈集团有限公司与杭州娃哈哈食品有限公司于1996年2月29日签订的《商标转让协议》已经终止，因此支持娃哈哈的仲裁申请，"娃哈哈"商标属于娃哈哈集团所有。

达能对裁决结果感到震惊，声称："仲裁庭的裁决是完全错误的，因为严重违背客观事实真相，对《商标法》《商标法实施细则》等法律、法规的理解错误或不当，并且与商标转让司法实践中存在惯例严重不符。对这一裁决，合资公司将依法提出撤销申请。"

让我们简要回顾一下"娃哈哈"商标转让的脉络：

合资之初，达能想把"娃哈哈"商标转让给合资公司，但按照法律相关规定，国家商标局没有批准。也就是说，娃哈哈集团依旧享有"娃哈哈"的

中国驰名商标
娃哈哈®

商标所有权。

之后，达能与娃哈哈集团在1999年签订《商标使用许可合同》，表明达能与娃哈哈集团都承认转让协议无效，"娃哈哈"商标还是属于娃哈哈集团。

2005年10月，娃哈哈集团（甲方）与达能（乙方）又签订了《商标使用许可合同第一号修订协议》。在此次的修订协议中，双方再次确认"甲方拥有商标的所有权"。由此不难看出，"娃哈哈"商标的所有权实际上一直都属于娃哈哈集团。

自达能与娃哈哈纠纷以来，由于娃哈哈荣誉员工的特殊身份，我密切关注事件发展，曾两次到杭州送去《商标法》和《公司法》，并函递依法保卫娃哈哈品牌相关建议。

2008年7月30日，杭州中级人民法院对娃哈哈与达能的商标之争作出裁定，"驳回达能的诉讼请求，并且这次的裁定为终审判定，不得上诉。"僵持许久的达能与娃哈哈的商标之战终于落下帷幕。

戏剧性结局，娃哈哈赢得尊严之战

达娃之争以口水战开始，以法律战为争峰手段，最后以双方和解的结局而结束。曾经硝烟四起，最终靠双方的理智避免两败俱伤，给后人带来更多的思考。

2009年9月30日，达能与娃哈哈在北京签署和解协议，随后，达能作价3亿欧元将自己在合资公司的51%股权出售给中方合资人。轰动一时的达能与娃哈哈纠纷在历经两年半后终有了一个戏剧性的结局。

达能的董事长兼首席执行官弗兰克·里布面对媒体表示："达能与娃哈哈之间合作，建立了中国饮料业中一个领头企业。我们相信，在娃哈哈管理层的领导下，企业将会继续壮大，取得更为优异的成绩。"

对此，宗庆后说："中国是一个开放的国家，中华民族是一个宽容的民族，中国的企业都会愿意在平等互利的基础上与世界企业合作，寻求双方更好的发展。"

"和解声明"发出之后，宗庆后突感一身轻松，同时也略显一身疲惫。

为了这场旷日持久的尊严之战，宗庆后顶住了太多的压力，包括"绿卡门"、偷漏税以及人大代表资格质疑等舆论炒作。最终，宗庆后靠内心的坦然与自信挺了下来。

"情"与"法"博弈，达娃之争留下的启示

达娃之争作为经典案例必将在中外合资、品牌影响、知识产权、法律纠纷等众多领域产生深远影响。为此，达能和娃哈哈都付出一定的代价，在中外合作中如何尊重彼此传统文化和游戏规则，值得双方进一步思考。

达能与娃哈哈争斗历时两年半，涉及并购、品牌、无形资产、同业竞争等众多国际经济法领域，是中国企业成功抵制国际资本恶意并购的经典案例，也是中国企业与跨国公司法律对抗的典型案例，已经成为国际经济法教学中经常被引用的案例。

达娃之争中，达能的资本意志、娃哈哈的国际合作经验不足，是此后纷争的根源。宗庆后反思后说道："我过去的排序是情、理、法，而现在，我首先要讲'法'和'理'。"

事实上，达娃合资公司继续延用1999年的《商标使用许可合同》，这为宗庆后后来通过法律维护商标所有权留下了空间。

拜伦说过："不哭过长夜的人不足以语人生。"中国也有一句古语："吃一堑，长一智。"从达能纠纷中艰难走过来的宗庆后感慨地说："人有时被逼着成长，所以，不要害怕痛。痛是生命的一部分，有时候，它是礼物，是上帝恩赐给你的成长契机。"宗庆后对商场如战场有了更多的感悟与认识，对跨国合作的中国企业有如下提示：

（1）尽可能坚持在合资企业中的控股权，请记住：只有控股超过50%才是绝对控股，这样才能把主动权牢牢掌握在自己

手中。

（2）即使不能控股，也应对股东在合资企业中的投票权和董事会议事规则等事项作出详细的约定。在根本性问题上，绝对不能放弃发言权。

（3）由于我们设立的是中国的企业，应当依照中国的法律办事，相应地，纠纷的解决也应在国内，由更熟悉中国法律的中国法院和仲裁机构依照中国的法律进行评判，尽量避免约定适用外国法律或者到国外去仲裁。

我从始至终密切关注达娃之争全过程，在此期间还有感而发，在《宿迁浙商》杂志上发表一篇"我眼中的宗庆后"文章。

我眼中的宗庆后

孟献国

自达能与娃哈哈纠纷以来，由于娃哈哈荣誉员工的特殊身份，我密切关注事件发展，曾两次到杭州送去《商标法》《公司法》等相关书籍，三次向宗庆后总裁函递依法保卫娃哈哈品牌相关建议，得到宗庆后认可并安排总经办电话致谢。更为难得的是，2007年7月2日，在娃哈哈集团向中外媒体高调发布信息前夕，笔者应邀到宗总的办公室就达能纠纷事件进行半小时的面对面交流，真正实现了与宗庆后的零距离接触。

宗庆后是娃哈哈的创始人，靠"喝了娃哈哈，吃饭就是香"，成功开发国内第一个儿童保健品，掘得第一桶金；靠"小鱼吃大鱼"，兼并国营杭州罐头食品厂奠定发展基础；靠利用外资"引水养鱼"，形成规模经营；靠"西进北上"，实施"销地产"战略，一举成为国内最大的饮料企业。

创业初期宗庆后办公照

宗庆后是南宋名将宗泽的后代，1945年10月12日出生在江苏省宿迁市夯大街。坚韧、儒雅、当机立断是他给我的总体印象。一是嗜书成癖，且内容很杂，但看得最多的还是广告、营销、市场和企业管理方面的书籍；二是内向性格的背后隐藏着极大的"韧性"和"爆发力"，如同李嘉诚说自己"谦和的外表下其实有一颗骄傲的心"；三是惜誉如金，以诚待人是他的行为准则且已渗入娃哈哈的企业文化。宗庆后对毛泽东崇拜有加，毛主席的一些军事战略战术被他引到市场营销中来。他说："中国市场的肉在城镇，而骨头在大城市。"他后啃骨头先吃肉的营销战略正是毛泽东农村包围城市战略思想的体现。宗庆后的思想是跳跃式的。有一次在饭桌上谈到宿迁泗洪是革命老区的话题时，他突然问道："当年，宿迁距国民党总部南京如此之近，且一马平川，我党以何屏障在此落脚？""我们有洪泽湖芦苇荡啊！"我脱口而出的回答，得到他的点头认可。

宗庆后每年考察洽谈3个月，市场调查5个月，飞机上240

小时，而三餐合计每天不超过1小时。他唯一的爱好是工作，休闲的方式还是工作，工作几乎成为他的全部。宗庆后驰骋商海以其卓越的领导才能而备受尊敬。他是十届、十一届全国人大代表、全国劳动模范。宗庆后在娃哈哈集团内部享有崇高的威望，从上至下强调的就是对他决策的执行力。正是这种高效快捷的强势运营体制，把娃哈哈一步步带到今天的中国饮料龙头企业的地位。

宗庆后20年苦心经营的娃哈哈品牌，如今在国内外有很高的知名度和美誉度，特别是"非常可乐"横空出世，打破了两大洋可乐一统天下的局面。"非常可乐，中国人自己的可乐！"使国人看到了民族品牌振兴的希望。尽管目前娃哈哈与达能的纠纷给娃哈哈集团公司带来一些影响，但我们坚信，勤奋、诚信、创新的娃哈哈人在宗庆后的带领下，一定会渡过暂时的难关，迎来娃哈哈一路高歌猛进更快更好的发展新局面。

第二章

"金疙瘩"诞生
——"娃哈哈"的演绎由来

很难说，娃哈哈企业的成功有多少成份来自于"娃哈哈"诗意的名字。

娃哈哈，这个带有浪漫气息的品牌由一首新疆民歌演绎而来，她的诞生，有一定的偶然性。

从民歌到商标，是营销大师宗庆后今生最得意的作品之一，娃哈哈与宗庆后从此纠缠在一起以致难解难分。

娃哈哈，从民歌到商标

一个产品能否流行开来，一方面取决于产品的质量，另一方面还要看其是否有一个消费者喜爱的名称。宗庆后一锤定音将产品取名娃哈哈，无疑给这款饮料增加了浪漫而富有诗意的气质。

《娃哈哈》是一首有着浓郁维吾尔风情的歌曲，改编自新疆传入俄罗斯的民歌，由石夫谱曲填词，潘振声编曲。这首始于20世纪50年代传唱的儿歌，充满着欢快与喜悦，特别是歌词中反复吟唱的"娃哈哈呀娃哈哈"更是朗朗上口，让人难以忘怀。1992年，银河少年合唱团将《娃哈哈》唱响在中央电视台六·一晚会，更是让这首脍炙人口的歌曲在中国家喻户晓。

一首广为流传的民歌一旦与产品商标联系在一起，会有怎样的效果呢？1987年，42岁的宗庆后成立杭州市上城区校办企业经销部，开始了他的创业历程。1988年6月16日，《杭州日报》头版刊登了一则大幅广告："一种高效能的儿童营养液，已在杭州保灵食品厂试制成功，特向社会各界征集产品名称和商标图案……"这是宗庆后亲自设计的一则广告，在那个信息网络相对闭塞的年代，"有奖征名"还是一件特别新鲜的事儿。

一石激起千层浪，应征信件如雪花般飞来，但大多是什么"宝"啊"精"呀之类的，没有

第二章 "金疙瘩"诞生——"娃哈哈"的演绎由来

什么新意。

当工作人员报出"娃哈哈"时，自己竟忍不住"扑哧"笑了起来。顿时，与会的专家学者也不由自主笑出声来，在场的每个人几乎都被"娃哈哈"三个字逗乐了。他们一致认为这个名称简直俗不可耐，属于小孩过家家。有的说，这个应征者太有意思了，居然想出这么个幼稚的名称。

然而，宗庆后紧锁的眉头却随之舒展开来，"好，就叫娃哈哈！"宗庆后认为，《娃哈哈》作为新疆民歌已经广为流传，可谓妇孺皆知，取这样一个别致的商标名称，便于人们熟悉、想起和记住它。更何况，"哈哈"是各种肤色的人们表达喜悦之欢的共同表情，尤其是孩子极易模仿，发音响亮，且音韵和谐，容易接受，符合高效能儿童营养液的产品定位。

"娃哈哈这个名称，具备新、奇、特，有冲击力，能引人注意。"宗庆后兴奋地说，"娃哈哈既朗朗上口，又容易记忆。我们搞儿童营养液，不就是为了让孩子们能像开心娃娃一样笑哈哈嘛！"

宗庆后一锤定音，从此，伴随着"喝了娃哈哈，吃饭就是香"铺天盖地的广告，"娃哈哈"响遍大江南北、长城内外，娃哈哈的产品也走进大街小巷，进入千家万户。

据说，很多年后，一位测字先生解读了"娃哈哈"三个字中暗藏的玄机：女字旁，指企业女性较多，借指事业由一群女人鼎力助成；双土字，借指事业扎根大地，基业长青；四个口，借指常处在舆论的风口浪尖；三个字都是九画字，暗喻可做业界龙头老大。

宿迁？杭州？宗庆后出生地之谜

2016年9月14日，时值宿迁市建市20周年之际，宿迁日报社和宿迁电视台记者在杭州娃哈哈集团总部对宗庆后进行采访。宗庆后首次在公开场合承认是宿迁人，并称宿迁是自己的第二故乡。自此，宗庆后出生地之争终于有了答案。

可以这样说，没有宗庆后就没有娃哈哈，谈娃哈哈的传奇首先要探寻宗庆后先生的成长轨迹。

宗庆后的籍贯为浙江杭州，是南宋名臣宗泽的第36代世孙。宗泽，字汝霖、谥号"忠简"，1060年生于浙江义乌。宗泽一生忧国忧民、力主抗战，1126年，68岁的宗泽出任河北义兵总管，不久升为天下兵马副元帅、东京留守兼开封知府，率部连破金兵30寨。1128年，宗泽病危之时，吟出唐代杜甫"出师未捷身先死，长使英雄泪满襟"的名句，连呼三声"渡河"，抱憾而终！抗金名将岳飞亲自扶柩，将其归葬镇江京岘山。

宗庆后祖父曾为"东北王"张作霖理过财，并担任过河南省的代省长。

宗庆后的出生地有着多个版本，无形中增加一些神秘色彩。一直以来，宗庆后都认为自己是1945年10月12日出生于江苏宿迁的东大街，但母亲告诉他，他于1945年10月11日出生于江苏徐州。这是怎么一回事呢？要了解原委，事情还要从头说起。

原来，宗庆后的父亲宗启骡毕业于中国大学化学系，母亲王树珍是满族镶黄旗人，是位格格的女儿。王树珍经姐姐介绍与宗启骒相识于结婚的，当时宗启骒在南京上大学，王树珍还在北京的志成中学读高中。他们订婚之后，在苏州度过了一些时日，因宗启骒二哥在江苏宿迁县担任伪政府秘书长，宗启骒也在宿迁县政府谋了个小职位，于是有了20世纪40年代宗启骒和王树珍定居宿迁东大街的故事。

王树珍没多久就怀孕了——那就是宗庆后。那时候的宿迁

宿迁楚霸王项羽雕塑

如同乡下，城中仅有一条东大街算是繁华街道，加之日伪长期占据，可谓满目疮痍。由于在条件较差的宿迁生孩子不太方便，临产中的王树珍便来到徐州的宗启骙五哥家。1945年10月11日深夜，12点钟声刚响过没多久，她完成了分娩，他们的长子宗庆后降生了，是个9斤重的胖小子。由于排行"后"字辈，又是辛亥革命纪念日即"双十节"后出生，母亲便给他取名宗庆后。

严格来说，宗庆后1945年10月12日出生在宿迁的说法是准确的。按照宗庆后母亲的回忆，应该是婚后定居怀孕在宿迁，出生在徐州医院，生日是10月11日。其实，深夜12点的钟声已经敲响，算作12日凌晨应该是没错的。

说来巧合的是，与宗庆后出生地相关联的徐州和宿迁两市，在若干年后分别建有娃哈哈生产线，只不过宿迁建有9条生产线，而徐州仅有1条生产线。

徐州，简称徐，古称彭城，历史上为华夏九州之一，为兵家必争之地，有"彭祖故国、刘邦故里、项羽故都"之称。宿迁，简称宿，古称下相，是楚霸王项羽的故乡。乾隆皇帝南巡时，曾赞叹宿迁为"第一江山春好处"。

在宗庆后出生后不久，宗启骙去了南京找工作，在南京国民政府邮局系统继续自己小职员生涯，他带着妻儿在南京度过了几年平淡而宁静的生活。

迁居杭州，耳濡目染西湖文化

　　出生不久的宗庆后，随父母从宿迁到南京，再从南京来到杭州。刚满4岁的宗庆后自此成为一名杭州人，岳飞、胡雪岩等一批杭州政商名人对他产生不小的影响。

　　1949年4月21日，毛泽东、朱德发布《向全国进军命令》，百万雄师横渡长江。4月23日深夜，人民解放军攻占了国民党政府的所在地南京。

　　南京解放时，宗庆后刚刚4岁，宗庆后的大弟宗端后还没满周岁。1949年秋天，宗启騄与王树珍商量，辞去了南京邮政局的职位，一家人踏着满街的落叶来到了杭州。因为宗庆后的曾祖父辈均为杭州府钱塘县籍，所以宗启騄一直把杭州当作祖籍之处。宗庆后从此变成了一名杭州人，那时候他们家租住在西湖边的韶华巷，就在柳浪闻莺边上。

　　刚开始那阵子，生活极为艰难，有时连米都买不起，饭都吃不上。直到王树珍通过公开招聘做了教师，家庭有了稳定收入，生活状况才有所好转，全家也搬到柳翠井巷小学里住了下来，宗庆后一生中与教育的缘分也是从这时开始的。

　　宗庆后一家迁居的杭州，是中国七大古都之一的历史文化名城，素有"人间天堂"的美誉。"江南忆，最忆是杭州"，"未能抛得杭州去，一半勾留是此湖。"白居易的诗词很好地描述了杭州及西湖美景。置身风景如画的环境中，对宗庆后的成功或许起到潜移默化的作用，尤其西湖边上的胡雪岩故居、钱王祠和岳王庙更是对宗庆后的英雄情结起到了不可言状的作用。

年少时的宗庆后尽管生活很困苦，却展示出特有的志气与傲骨，有时看见别人家孩子在吃零食，他会拉着弟弟们转身离开。面对诱惑毅然"转身"，在后来从商经历中也受益良多。比如面对房地产行业日进斗金的巨大诱惑，宗庆后始终坚守饮料主业发展，自然规避了后来房地产行业极速下滑的拖累。

1953年，宗庆后到了上学的年龄。身为教师的王树珍把宗庆后送到了离家较远但师资力量雄厚的杭师附小。母亲的这一决定是很有眼光的，杭师附小管理严格、教学严谨，是一所学风优良的模范学校。

在宗庆后的童年，他从来没有想过要成为一名企业家，他16岁时梦想是成为一名拖拉机手。学生时代的宗庆后初步展

杭州西湖的雷峰塔

47

现了组织领导能力，在新华小学时是少先队中队长，在杭州五中时既是班长，也是学校播音员。

有一次，新华小学将邀请解放军叔叔做辅导报告的任务交给了宗庆后，12岁的宗庆后怀着忐忑不安的心情带着介绍信到军营执行任务，没想到解放军叔叔愉快地接受了邀请，并很好地配合了宗庆后主持的少先队日活动，看似十分困难的活动获得超预期成功。

这件事对宗庆后影响很大，"只要行动了，就会得到比预期更好的结果，关键要行动起来！"这一理念使宗庆后终生受益，他说："当你所有的思想聚焦于一点，强大的力量由此而生，它汇聚人脉、金钱和一切。"

1961年，正值三年自然灾害之际，宗庆后初中毕业了。整个国家都面临饥荒的威胁，子女渐多的宗家，经济状况可想而知，宗庆后的妹妹宗蕊被迫交九叔领养。作为家中长子，宗庆后对这件事心存愧疚却又无能为力，他认为该给家庭分担一些了。因为家庭成分不好，无法去读师范学校的宗庆后决定打工赚钱，16岁的宗庆后较早地走出校门，先后学过修理汽车，干过爆炒米，卖过红薯。

出门打工，舟山和绍兴的15年知青生涯

　　18岁的宗庆后先后来到舟山农场和绍兴茶场，开始他15年的知青生活。这一期间，他锻炼了健康体魄，阅读了大量的书籍，储备了较好的知识功底，为日后厚积薄发打下了很好的体力和知识基础。

　　1963年的一天，宗庆后得到一个消息：舟山马目农场正在杭州招收知识青年，不论家庭成分，谁都可以报名参加。就这样，18岁的宗庆后在荒凉的马目农场干起抬石头、运石头的苦力活。因为勤奋、能吃苦，宗庆后还获得了农场领导的赏识，准备保举他上大学，但"大学梦"却因马目农场后来的停办而破灭。

　　1964年，宗庆后被安置到绍兴茶场，种茶、割稻、拉砖头，宗庆后在偏远的丘陵山区继续他的"社会大学"生活。毛泽东说："农村广阔天地，大有作为。"宗庆后在农村15年，一方面练就一身健康体魄；另一方面阅读大量书籍，包括《我的大学》《钢铁是怎样炼成的》《毛泽东选集》等。阅读，成为宗庆后始终坚持的习惯，这为后来的创业积累了很好的养料与基础。

　　毛泽东的"星星之火，可以燎原"和"农村包围城市"等游击理论给宗庆后留下深刻印象，后来都被其应用到产品的营销实践中。毛主席的"打土毫，分田地"的口号也对宗庆后"喝了娃哈哈，吃饭就是香"精典广告语产生重要启示。

　　陆羽的《茶经》开篇就说，"茶者，南方之嘉木也"。茶是

一片树叶，因它来自自然；茶也是一口甘甜，因它深入生活。宗庆后在绍兴茶厂工作14年，与茶结下了不解之缘。宗庆后后来成功研发了系列茶饮料，不知与这段茶缘是否有关？

绍兴茶厂风光

"在舟山和绍兴农场的15年，尽管是我人生当中最年轻、最有成长希望的大好时光，看起来好像在农村没有什么作为，但我感到这15年，对我整个人生道路确实是有很大帮助的。至少这15年的艰苦生活，磨炼了我的斗志，同时也练就了比较好的身体，为我42岁以后的创业，打下了比较雄厚的基础。"宗庆后如是说。

在被问及如何在寂寥的日子里坚守与阅读时，宗庆后认为《孟子》的名句给了他无穷的力量与激励，那就是："故天将降大任于斯人也，必先苦其心志，劳其筋骨，饿其体肤，空乏其身，行拂乱其所为，所以动心忍性，曾益其所不能。"

法国诗坛怪杰米修将一生经历总结为两种"旅游"，即实地旅游和内心空间旅游。宗庆后虽在茶场14年，但他的精神一直神游在书的海洋里。

回城杭州，创业开始起步

随着改革开放的脚步，宗庆后的命运也发生重大转变。1978年秋天，宗庆后通过新的知青政策回到阔别已久的杭州。回城后的宗庆后不甘按部就班的普通职工生活，通过不断跳槽，终于找到他喜欢的具有挑战性的供销员工作。

1978年5月11日，《光明日报》刊发了"实践是检验真理的唯一标准"一文，随后，引发了全国范围内关于真理标准问题的大讨论，启动了一场思想解放的运动。之后，十一届三中全会在北京召开，揭开了改革开放的序幕。

1978年的秋天，33岁的宗庆后迎来人生命运重大转折。中央出台一个文件，规定城镇干部职工退休后，在农村下乡插队的知青子女可以返城顶替。爱子心切的王树珍在得知信息的第一时间决定立即提前退休，宗庆后终于回到了杭州。屈指算来，此时作者正在江苏宿迁乡下读初中。作者1999年着手娃哈哈项目招商引资时已是33岁，这当然是后话。

由于学历不够，回杭州的宗庆后只能顶替母亲去

杭州西湖的保俶塔

校办工厂做工人。"蓄势既久，其发必速。"在经历15年舟山和绍兴的历练与压抑后，宗庆后急需寻找解放自己内心能量的突破口，单调的糊纸箱工作并不符合他对未来的预期，按捺不住的他开始向厂长提各种各样的建议。很快，他被推上了喜欢独来独往的供销员岗位。这段供销员生涯为宗庆后积累了对市场灵敏嗅觉的经验，他的敢闯敢试及创新精神初步展现出来。在此期间，他甚至在广交会大门前摆地摊，扯着嗓子卖电表。

独闯海南，初显营销天赋

独闯海南的营销之旅，是宗庆后创业前期一次成功的尝试，小试身手即获成功，为日后成为营销之神做了很好的铺垫。

初步展示宗庆后营销能力的案例是1980年的海南岛之行。在杭州胜利电器仪表厂负责销售工作期间，他只身一人背着十几只电表样品奔赴山西，通过千辛万苦总算搞定一单生意：山西一家单位拟按每只23元价格采购1000只电表，可是这样一个来之不易的订单却被厂长否决掉了。"听说广东那边有人要上万只电表，而且每只电表能卖24元。小宗，你还是明天买车票去趟广州吧，尽量把订单拿下！"厂长通过电话在遥控指挥。然而，宗庆后挤上火车历尽艰辛来到广州时，发现信息严重不对称，人家给出的价格是每只18元，而且只要500只电表。

带着郁闷、沮丧和一身疲惫，宗庆后来到广州街头一家简陋大排档用餐。席间，邻桌两位客人的聊天引起宗庆后的兴趣。"我一位朋友在海南发达啦！""那边正在大开发，机会多啊！"原来聊的是海南岛正在大开发的话题，说者无心，听者有意。

"将在外，君令有所不受。"这一次，宗庆后既未向厂长请示，也没有跟家人打招呼，来一次说走就走的海南营销之旅。宗庆后第二天便横渡琼州海峡，风风火火地踏上了海南岛。

相对广州大城市来说，海南那时还很贫穷落后，但也正是市场拓展的处女地。一个月的奔袭推销，一个月的千言万语，宗庆后终于成功地接到了一批电表订单。为了解决分散客户货款难回收的问题，宗庆后还在海口找了一家规模较大的五金交电公司作为中介担保，通过让利第三方，给发往海南的这批电表加了一道保险。

宗庆后的突然"失踪"，令胜利电表厂的领导大为恼火，也让家人和爱人担心不已。当宗庆后将一份份成功的订单放在厂长的案头时，领导高兴了，家人也释然了。正所谓，"机遇在犹豫中消失，差距在等待中拉大。"

海南之行是宗庆后靠感性决策抢抓机遇的一次成功营销尝试。"市场变化之快超乎想象，行动远比想象更有价值。"这是宗庆后在一线营销中得出的结论。长期行走在市场一线，发现市场脉搏及时决策被宗庆后后来不断复制并拓展，最终成功创立了全新的"联销体模式"。

海南风光

建立家庭，事业起步有后盾

同是下乡知青，都是家中老大，通过热心大伯介绍，宗庆后与施幼珍喜结连理。不久后，宝贝女儿宗馥莉的到来，更是给这个家带来无限温暖。

回城工作后的宗庆后有了自己的一间宿舍，不仅可以安静读书，还因此收获了爱情。

事情是这样的：宗庆后宿舍隔壁住着一位退休干部，细心的老人发现单身的小宗特别喜欢看书，也不见他闲聊或打牌喝酒，这样的年轻人实在有点难得，热心的大伯主动要为宗庆后做起了红娘。

说来也巧，就在大伯处处留意为宗庆后物色对象的时候，他的一位老邻居跑来托他为自己大女儿介绍对象。就这样，宗庆后和施幼珍被安排见了面，两人一见如故，相谈甚欢，颇有相识恨晚之感。

施幼珍也是一位回城知青，端庄秀丽且性格温和，比宗庆后小4岁。施幼珍毕业于杭州第八中学，下放在地处偏僻的黑龙江雁窝岛小兵团。相似的经历，共同的语言，很快使他俩走到了一起。

1980年5月1日，在国际劳动节这个大喜的日子里，宗庆后和施幼珍步入了婚姻的殿堂。1982年1月，女儿宗馥莉出生，这是上苍给予这个家庭最珍贵的礼物。

婚后的宗庆后又先后在电扇厂和纸箱厂历练，这些算不上真正成功的创业经历，但为宗庆后后来饮料帝国的创立作了很好的预演与尝试。

时间挂移到1987年，8年的供销阅历连同在舟山与绍兴的15年沉淀与积累，42岁的宗庆后已经完成了充分的创业能量积累，他迫切需要的是一个时机的出现……

"杭州市上城区校办企业经销部"挂牌

善于捕捉机遇是成功人士的重要特质之一，宗庆后在面对自己人生机遇时，几乎如饿虎扑食一般抓住不放。1987年5月1日，"杭州市上城区校办企业经销部"挂牌，这就是娃哈哈集团的前身，也是宗庆后创业的重要平台与载体。

机遇总是垂青那些有准备的人，宗庆后为此已经准备多年了。早在绍兴茶场期间，他从《毛泽东选集》等书籍中汲取了丰富营养。

宗庆后认为："人一生只有几十年，默默无闻也是过一辈

宗庆后在校办厂办公室

子，做一点事业给后人留点东西也是过一辈子，我认为做事业还是比较重要。"

当机遇未到时，他有着极强的忍耐力，积极进行量的积累；当机遇到来时，他会毫不犹豫地扑向机遇，不错失一分一秒。但真正的机遇出现时大多是以困难面目出现的，只有像宗庆后这样有着火眼金睛般眼光的人才能认得出来。

1987年4月6日，上城区文教局召开选拔校办企业经销部经理大会，主持会议的是分管勤工俭学的傅美珍副局长。给出的条件：除了3个人，就是4万元经费，还有14万元的银行贷款，指标要求是当年实现利润4万元以上。这在当时是一个很高的目标，相当于人均年创利1.5万元。

面对巨大的创利压力，包括宗庆后在内的几位候选人一开始都没有立刻表态，会场除了抽烟，是一片出奇的寂静，在场的领导用咳嗽来缓解沉默带来的尴尬，希望有人能尽快站出来接招。

就在大家坐立不安的时候，宗庆后在众人聚焦的目光中站了起来。"我干吧，不过当年创利4万元少了点，我可以保证上交10万元。"宗庆后充满自信地说道。

看得出他是有备而来，一旦真正的机遇出现，宗庆后就将其牢牢抓在手中，几乎不给竞争者留下任何机会。很快，宗庆后被任命为上城区校办企业经销部经理，就这样，娃哈哈的前身——上城区校办企业经销部在杭州清泰街160号开张了。

1987年5月1日，"杭州市上城区校办企业经销部"在清泰街的小楼前正式挂牌。望着那块白底黑字带着亮光的牌子，宗庆后抑制不住内心的喜悦，眼光透着对未来创业生活的无限向往。是啊，五·一劳动节当上了企业经理，的确有着太多的象征意义。正是这一年，作者通过高考进入江苏省淮阴供销学校计划统计专业学习，不知不觉中，作者与娃哈哈的缘分正在渐渐靠近。

3个人，50平方米的经营场地，10万元上缴利润的承诺，创业初期的艰难可想而知。刚开始时，他们的主要业务是向杭州市上城区各家小学推销文具、饮料及日常用品，所有的体力活自然落到唯一男士宗庆后的头上。

不管是白天黑夜，也不管是刮风下雨，只要哪个学校要货，宗庆后总是随叫随到。他蹬着一辆三轮车，一个学校一个学校不厌其烦地挨个儿送货。仅仅半年时间，宗庆后勤奋和诚信的口碑就在杭州的小学里树起来了。

如今，宗庆后骑着三轮车送货的背影已经成为娃哈哈创业初期标志性形象。既然选择了方向，便只顾风雨兼程！自此，宗庆后在属于自己的人生舞台上纵横驰骋，一往无前。

"好汉不赚六月钱。"单靠利润微薄的文具，不可能完成一年上缴10万元利润的任务，宗庆后又做起棒冰

创业初期宗庆后蹬着三轮车送货

和汽水生意。棒冰是杭州人那时夏天主要的消暑产品，但做冷饮赚的是辛苦钱，棒冰来时，需要迅速往冷库里卸货；客人要货，又要立刻把棒冰从冷库里搬出来。忽冷忽热，忽上忽下，宗庆后穿着妻子缝制的军大衣冲锋在前，激情四射，无怨无悔，15年农场磨炼的健康体魄得到尽情施展。

宗庆后拼命三郎的工作激情，感染着经营部两位资深女员工。王琴和蒋琼芳彻底打乱了原来按部就班的规律生活，心甘情愿地投入到加班加点的工作中去。

1997年宗庆后顶着酷暑把一支支棒冰送到每位员工手上

涉足儿童营养，代理中国花粉口服液

从代销到代工，再从代工到创立自己的品牌，这是宗庆后创业初期的三部曲。因为代销中国花粉口服液脱销，所以想到为其代理加工，为此，宗庆后在儿童营养液上淘到了第一桶金。

1987年的一天，"中国保灵"的一个经理找到宗庆后，希望经销部能代理他们的"中国花粉口服液"。在那个营养品疯狂流行的年代，在家长普遍为独生子女"小皇帝"舍得花钱的时代，宗庆后敏锐地意识到这是一笔大单买卖！

宗庆后了解到该口服液以纯天然花粉为原料，含有多种氨基酸、维生素、微量元素和活性酶等营养成分，对增强学生体质具有一定效果。

为了让消费者家庭减少开支，"中国保灵"采纳了宗庆后提供简装产品降低成本的建议，加之经销部校园渠道优势，"中国花粉口服液"突然之间销售一空，甚至到了供不应求的程度。

"中国花粉口服液"的脱销，让宗庆后再一次嗅出了其中的潜在商机，宗庆后主动找到"中国保灵"，提出为他们代加工口服液的想法，厂方正为产能不足而焦虑，双方一拍即合！

1987年7月4日，杭州市计划委员会下文批复同意建立"杭州保灵儿童营养食品厂"。3个月后，一条日产1万盒口服液灌装生产线在清泰街正式运营，当年即生产18万支"中国花粉口服液"，产值超过270万元。经销部成立一周年时，销售总额436万元，上缴利润22.2万元，远远超出了宗庆后承诺的10万元指标。

　　首战告捷！通过儿童营养液获得第一桶金后，宗庆后对未来的创业之路充满了足够的自信，展现在他脚下的是充满无限生机与希望的未来之路，经历生活反复历练的宗庆后开始起航了。"只有天空才是我们的极限"，宗庆后充满自信地说道。

孕育娃哈哈，"一个好汉三个帮"

带着做一款真正适合中国儿童营养液的梦想，宗庆后求贤若渴，三顾茅庐，先后拜访多位专家教授和技术能手。通过研发团队的艰辛努力，一款拥有自主品牌的儿童营养液呼之欲出。

"人生的道路虽然漫长，但紧要处常常只有几步，特别是当人年轻的时候。"这话出自柳青的《创业史》。亚洲首富孙正义面对人生转折点也说过："生命如此短暂，我不能等待。"（Life is short，I don't wait.）

英雄所见略同，宗庆后说："我相信任何一个人，在他一生当中，都必须随时准备在特定时间节点作出他自认为的关键决定。"

有一天，在清泰街的车间里，宗庆后看着加工生产线上一瓶瓶输送过来的"中国花粉口服液"时，脑海突然闪出一个近乎疯狂的念头：我们自己为什么不能生产一种营养液呢？

《杭州日报》一则新闻报道，坚定了宗庆后打造自有品牌营养液的信心。报道说："中国学生营养促进会会长、著名营养学家于若木在日前的一次研讨会上透露，全国3.5亿儿童和中小学生中有1/3的人营养不良，仅浙江省8岁至12岁的儿童中就有47%的人营养不良……"

宗庆后还专门委托一家科研机构对3006名小学生进行一次调查，结果显示，有44.4%的小学生因为饮食结构等问题患有不同程度的营养不良症。这意味着有一半的孩子需要补充营养，这是

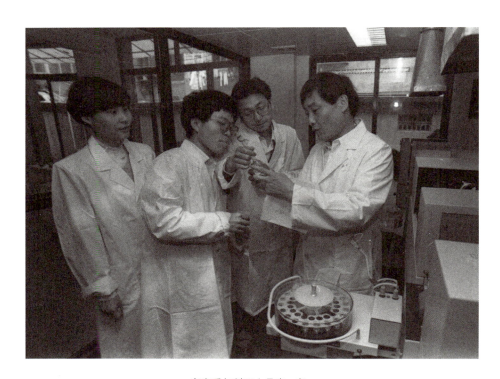

宗庆后与科研人员在一起

怎样的一个庞大市场啊！今天看来，宗庆后早在20世纪80年代就已经在运用大数据来指导经营决策了。

所有的成功始于行动而不是始于想象。带着做一款真正适合中国儿童营养液的梦想，宗庆后开始属于自己的行动了。宗庆后首先带着5万元研究资金拜访了浙江医科大学的儿童营养专家——63岁的朱寿民教授，希望他能研制出适合儿童身体健康、促进孩子正常进食和消化的营养液。朱寿民教授长期致力于儿童营养问题的研究，对当时儿童营养普遍存在的营养不良问题十分担忧。朱寿民欣然接受了新营养品的研发工作。

宗庆后邀请的第二位专家是胡庆余堂的技术能手张宏辉。

胡庆余堂是清末"红顶商人"胡雪岩1874年创建的药堂，它和北京的同仁堂并称中国南北两家国药老店，即"北有同仁堂，南有庆余堂"。相对于胡庆余堂这样稳定的国营企业，张宏辉对尚处于襁褓中的娃哈哈还是缺乏安全感。

　　宗庆后为此"三顾茅庐"，发现张家四口人挤在不足30平方米的房子里，宗庆后当即决定将上城区文教局奖励给自己的一套三室一厅的房子送给了张宏辉。此举令张宏辉十分感动，从此扎根娃哈哈发展至今，现在是娃哈哈集团党委委员兼华东片区总经理。这是宗庆后早期创业期间用人唯贤的典型案例。

　　就在宗庆后着手新产品研发的时候，"中国保灵"公司的领导对宗庆后另起炉灶的做法十分不满，他们威胁说，如果不停止新产品研发工作，将会终止"中国花粉口服液"的合作。

　　面对压力，宗庆后没有退缩，他要求对方必须做出两个承诺：一是保证产品一直畅销；二是每年的加工利润提升一个层次。双方谈判最终不欢而散。面对一些上门做思想工作的好心人，宗庆后反问道："你们能理解一位42岁的中年人面对人生最后一次机遇的心情吗？"此时的宗庆后别无选择，唯有破釜沉舟、奋力前行了。

　　经过艰苦不懈的努力，朱寿民教授依据中医学及传统药膳食疗学说，在"药食同源"思想指导下，结合现代营养学理论和自己医学实践中的积累，很快炮制了包含桂圆、红枣、山楂、莲子、胡桃、米仁、鸡肝和"微量元素"的科学配方。通过张宏辉反复多次创新而成的蛋清凝固法后，一款全新的儿童营养液终于诞生了。

有奖征名，"娃哈哈"品牌浪漫诞生

1988年10月20日，凝聚宗庆后创业团队心血结晶的娃哈哈儿童营养液在杭州浪漫下线，在中国食品界颇具传奇色彩的娃哈哈就此诞生。

有了产品，该给它起个什么名字呢？宗庆后开始在《杭州日报》进行"有奖征名"。许多消费者目光立刻被吸引过来，应征作品纷至沓来，这正是宗庆后创业初期"非常营销"的尝试。

宗庆后认为营销不仅要有点子，还要有些浪漫和时尚的感觉，需要有诗意和想象力。当杭州市上城区少年宫主任朱松龄报送的"娃哈哈"出现时，立即令宗庆后眼前一亮，情不自禁地哼起了那首传唱已久的新疆儿歌：

"……

娃哈哈，娃哈哈，

每个人脸上都笑开颜。"

"好，就叫娃哈哈！"宗庆后的拍板，标志着娃哈哈作为一款著名饮料品牌从此诞生。

《2小时品牌素养》作者邓德隆曾说过："品牌命名是品牌战略中最重要的决策，万万马虎不得。因为竞争是在顾客心智中展开的，好的名称才容易进入心智。从这个意义上说，名字就是生产力。"

俗话说："一个好汉三个帮。"继获得朱寿民、张宏辉两位专家支持后，宗庆后又认识了一位对他后来创业起重大作用的顾馥恩女士，顾总是杭州一家知名制药厂退休的高级工程师。正是在她的指导下，宗庆后带领创业初期的娃哈哈人，用一个月时间完成通常半年时间才能完成的生产线改造工程。

1988年10月20日，这是娃哈哈人值得永远铭记的日子。娃哈哈儿童营养液正式投产！望着从生产线上源源不断传送下来的"娃哈哈"，宗庆后再也控制不住内心的激动，任由泪水不住地流出来……

那是幸福的泪水，那是成功的泪水，泪水里有创业的酸甜苦辣，泪水中有历经艰辛终于成功的喜悦……相似的泪水，在作者历经5年艰辛成功招商娃哈哈时也曾流淌过。

如今，10月20日已成为娃哈哈的厂庆日，每年的这一天，娃哈哈人都会举行规模不一的庆贺活动。一晃间，娃哈哈已走过了29个厂庆日，即将迎来30周年大庆这个激动人心的日子。

宗庆后和科研人员在一起

第三章

帝国版图
——"娃哈哈"的疯狂成长

　　娃哈哈的初期成长是疯狂的，几乎呈几何级增长模式。一方面缘于可靠的产品质量；另一方面得益于创新的营销模式，郑州"小黄帽"和"免费尝果奶"等事件营销绝对属于宗庆后的原创。

　　并购杭州罐头食品厂，这一"小鱼吃大鱼"现象成为改革的符号与印记，而娃哈哈涪陵分公司的创建标志着"杭州娃哈哈"向"中国娃哈哈"的演变与推进。

背债做广告，一路攻城掠地抢占市场

"讷于言而敏于行"是宗庆后的特点。面对全新的产品、全新的名称、全新的包装，宗庆后让"喝了娃哈哈，吃饭就是香"漫天飞舞。杭州、天津、北京、上海等地市场迅疾被拿下。

1989年4月17日，宗庆后正式将保灵儿童营养食品厂更名为"杭州娃哈哈营养食品厂"，并于这年的5月30日完成工商登记，将企业注册资金变更为200万元。

"酒香也怕巷子深。"宗庆后深知，一个好的产品要打开市场销路，必须高度重视广告的作用。有奖征名的"饥饿营销"，让许多杭州人知道了娃哈哈。娃哈哈儿童营养液产品生产出来后，宗庆后迅速在杭州电视台签下了21万元的"天价"广告合同，要知道，这几乎是当时宗庆后能拿出的全部家当。

宗庆后背债做广告的举动迅速在厂内引起争议，甚至有人认为这是蛮干。然而，广告播出的当月，娃哈哈儿童营养液即实现15万盒的销售量，次月，一举突破20万盒大关。当年，娃哈哈儿童营养液就实现488万元的销售收入，创造利税210万元。响亮的数据、神奇的业绩让所有质疑者一时没了声音，取而代之的是一片赞美之声。

占领杭州市场后，娃哈哈依靠主流媒体全方位的广告轰炸，迅速攻占了上海、天津、北京的市场。娃哈哈的业务员每到一座城市，直奔当地的报社、电台和电视台，随着一笔又一笔巨额广告合同的签订，消费者很快听到、看到漫天遍地的"喝了娃哈哈，吃饭就是香"的广告语，想躲也躲不开。

攻占北京市场时，宗庆后借鉴了平津战役战术，首先集中优势兵力攻取天津，天津的被顺利攻下后，才满怀信心地来到皇城根下。1990年深秋，正是香山红叶层林尽染之时，一股娃哈哈之风在北京街头暖风尽吹，娃哈哈销售热潮在北京迅速形成。

1990年娃哈哈销售收入超过了9800万元，利税达到2639万元，娃哈哈仅用3年时间就跨入年产值亿元的大企业门槛，真可谓气贯长虹，势如破竹，创造了饮料行业发展史上的奇迹。

此时的宗庆后对品牌这一无形资产的认识有着超前眼光，这一年，他们正式注册了"娃哈哈"商标，为了防止出现恶意仿冒侵权，他们还同时注册了"哈娃娃""哈哈娃"等十多种与"娃哈哈"品牌近似的文字和图形商标，申请的范围扩大到一切可能应用的领域。

应该说，这是一种防御性无形资产保护措施，但由于对涉外品牌保护法律知识欠缺，后来，娃哈哈与达能还是出现了品牌纠纷，并演绎为国际合作领域无形资产法律纠纷的经典案例。

"潜入"广州，挑战"太阳神"

面对同类产品"太阳神"的领地，宗庆后对广州市场采取更为谨慎的迂回推进法。通过专家研讨软广告加之媒体硬广告相结合，一举征服羊城的消费者。

广州，简称穗，别称羊城、花城，广东省省会，是华南地区的政治、军事、经济、文化和科教中心，国家历史文化名城，有"千年商都"之称。

成功占领上海和北京市场后，宗庆后带着娃哈哈的营销团队信心满满地杀奔广州。这一次，宗庆后没有采用立体广告狂轰乱炸的老办法，而是采取悄悄潜入"润物细无声"的独特办法，因为此时的怀汉新和他的"太阳神"正如日中天。宗庆后经过冷静的思考，决定不与怀汉新采取硬碰硬的正面交锋，而是采取集中优势兵力打一场闪电战，此营销理念正符合毛泽东的战略战术思想。

为了打好"广州战役"，娃哈哈还公开招聘南下人才，广东人单启宁就是在这时走进娃哈哈大家庭的，后来成为娃哈哈的新闻发言人。

宗庆后采纳了单启宁的建议，邀请广东省中医学研究所、广东优生优育协会等众多专家举办娃哈哈产品座谈会。随后几天，广东本土专家对娃哈哈儿童营养液的正面评价文章，纷纷出现在《广州日报》《羊城晚报》《南方日报》、广州电台和广东电视台等众多当地主流媒体上，"娃哈哈"突然之间成为

1991年6月羊城最火热的词汇，似乎给本已很热的夏日广州又加了一把火。

　　1991年7月，娃哈哈在广州市场一举突破100万盒，可谓成就辉煌！

郑州"小黄帽"，城市流动广告风景线

宗庆后的广告策略施行一地一策，在河南省省会郑州，宗庆后通过赠送5万顶小黄帽，让郑州小学生为娃哈哈做了流动广告，成为当年郑州街头一道风景，从而打开了中原市场。

随着一线城市的市场铺开，宗庆后在中国版图上指向了中原大地，因为夺取全国市场绕不开中原市场，而郑州正是中原地区的标志性城市。

郑州，河南省省会，地处中国地理中心，中国中部地区重要的工业城市，是中国历史上著名的商埠。"郑州价格"一直是世界粮食生产和流通的指导价格。

宗庆后率领营销团队风尘仆仆来到郑州之后，并不像以往那样直奔当地报社、电台签广告合同，而是逛街道、看电视，我们的宗老板显出一副闲情逸致的悠闲状态，让随行一帮人暗生诧异，捉摸不透，不知道宗庆后葫芦里到底卖的什么药？

其实，宗庆后自有他的想法：中原大地的人们思想相对保守，行事更为严谨，他想用一种独特的办法敲开中原市场的大门。这时，当地报纸一则新闻引起宗庆后的注意，每年都有一些儿童在道路交通事故中被夺去生命！"孩子的安全大于天！"宗庆后当即决定向郑州市每位小学生赠送一顶小黄帽。

在交通和教育部门支持下，5万顶印有"娃哈哈"标志的小黄帽很快被分发到小学生手上。每到学校上学或放学时，郑州的大街小巷的"小黄帽"成为一道亮丽的风景线，百姓称快，政府

满意，娃哈哈也随着流动的小黄帽在郑州家喻户晓了。

当地的电视、广播、报纸闻风而动，纷纷把这一善举当做重要新闻进行跟进报道，街头流动的小黄帽与媒体宣传相互呼应，确确实实成为当时郑州的一大新闻。就这样，宗庆后用小黄帽敲开了中原市场的大门。

宗庆后缜密智慧的一面，在天府之国四川也有精彩的表现。在成都一年一度春季糖烟酒交易会上，宗庆后策划组织一支金发碧眼的外国女郎手擎娃哈哈宣传横幅"游行"，并向沿途的人们赠送娃哈哈宣传品，真正是抢尽了风头，赚足了眼球。这起洋人为娃哈哈做广告在当时的成都引起了轰动效应，却仅花费5万元。

"小鱼吃大鱼"，跃上发展新台阶

兼并杭州罐头厂是娃哈哈发展史上重要里程碑，不仅提供了更为广阔的厂地，而且补充了一批素质优良的人才。从此，娃哈哈借助"杭罐"平台一飞冲天，展翅翱翔。

娃哈哈投产后迅速形成火爆的销售场面，到了1991年夏天，娃哈哈产能扩大了60倍，利润暴涨了100倍。催货的电话、电报和信函从全国各地向娃哈哈飞来，清泰街上排满了前来提货的车队，甚至需要交通警察来疏导交通秩序。

与之形成反差的是公司的仓库严重缺货，"今日无货！""产品告急！"娃哈哈的产能急需扩张，饥渴的市场迫切需要填充。

然而，向上级递交的批地建厂的报告迟迟没有音讯，临时租用车间对巨大的市场需求来说，可谓杯水车薪。宗庆后再也坐不住了，他在办公室内来回踱步，心急如焚，因为他深知：市场的等待也是有限度的，不会等得太久！

1991年7月，新华社内参"发生在小学校里的经济奇迹"的一篇文章，终于让事情有了新的转机。

新华社浙江分社的朱国贤、傅上伦两位记者，在这篇调查报告中介绍了娃哈哈的发展历程和特点。文章提到：娃哈哈企业没有库存、没有贷款、没有欠款，每百元产值占用流动资金仅1.54元，定额流动资金周转天数为6天，流动资金非常充裕，银行账户有近2000万元存款。这一特殊的经济现象，引起了国务院领导的关注并给予批示。

"发生在小学校里的经济奇迹"的影响力在持续发酵，1991年8月14日，杭州市委常委、市委秘书长沈者寿，杭州市委办公厅主任杨树荫和《浙江日报》杭州记者站站长杨新元一行3人走进了娃哈哈公司。刚到工厂大门，就见到全国各地的汽车在排队等产品发货；走进车间，则是热火朝天且有条不紊的工作场面，面对"零库存、零贷款、零欠款"的"三零企业"，沈者寿不由得竖起了大拇指。

在随后的座谈中，宗庆后吐露了压抑在心中的烦恼，即产品供不应求，产能制约了市场，极有可能错失大好的发展机遇。同时，宗庆后还抱怨了土地报批流程的繁琐和办事效率。

接下来，就如何破解娃哈哈产能问题进行热烈讨论，让娃哈哈兼并一家亏损国营企业的大胆想法，在烟雾弥漫的氛围中诞生了。

沈者寿提到了相隔不远的国营杭州罐头厂。杭州罐头厂占地100多亩，60000多平方米厂房，2200名熟练技术工人，对急需扩张产能的娃哈哈来说可谓久旱逢甘雨。但此时的"杭罐"已见不到昔日的辉煌，到1991年初，负债超过6700万元，有库存积压产品1700万元，还有740名退休工人需要企业负担。

在杭州市委、市政府主要领导大力支持推动下，娃哈哈兼并杭州罐头厂工作得到顺利推进。兼并的基本方案是：由娃哈哈出资8411万元，整体兼并收购杭州罐头厂，2200多名员工全部并入娃哈哈。

一个创办仅四年的校办工厂去兼并一家历史悠久的国有大企

业在全国尚无先例，而且还会触及到传统体制和利益机制。面对疑问和困惑，决策层通过反复论证，最终给予坚决地支持。

1991年的杭州，100多人的民营小厂兼并2000多人的国营大厂的新闻在社会上形成强烈反响，媒体称之为"小鱼吃大鱼"和"蛇吞象"。长期在国企工作的杭州罐头厂的员工更是难以接受，有的员工甚至情绪失控，痛哭流涕。兼并工作矛盾重重，面临意想不到的阻力。

"誓与企业共存亡！"如此悲壮的标语赫然出现在杭州罐头厂区最醒目的地方。

在关键时刻，宗庆后亲自出面平息风波。1991年8月30日，他来到杭州罐头厂的会堂与"杭罐"的全体员工面对面交流。宗庆后带着他那一贯的宗氏风格开宗明义，他说："我今天来到这里，不是来断你们活路的，更不是来救你们的……"

刚才还人声鼎沸的会场立时安静下来，宗庆后接着说："能救你们的，只有你们自己！企业要生存，就必须靠赢利，兼并之后，大家都是一家人了，薪酬方面人人平等，多劳多得，我可以向大家保证的是，只要是勤劳肯干的人，薪酬一定比原来的高出几倍，甚至更多！……"

随着宗庆后亲切、朴实、接地气的演讲，"杭罐"的员工们渐渐地认同了兼并方案，因为宗庆后清晰地回答了他们最为关心和担忧的归属与生存问题。当宗庆后演讲结束时，现场响起长久的掌声，久久不愿停歇下来。

1991年9月3日，娃哈哈正式兼并了杭州罐头厂。在兼并之初，也经历一段阵痛磨合期。比如，原杭州罐头厂一些干部递交辞呈时，宗庆后毫不犹豫地批准了。自此，在娃哈哈内部也渐渐形成了"黑板干部"一说。

"杭罐"的员工被培训后迅速投入到娃哈哈生产线的岗位上，不足一月就在"杭罐"拉起一条娃哈哈儿童营养液生产线。娃哈哈的高效运行效率与杭州罐头厂的优质资源一旦融合，创造一个又一个生产奇迹就不足为怪了。

兼并仅3个月后，杭州罐头厂就实现扭亏为盈，到1991年年底，娃哈哈集团实现年产值2.5亿元，利润4000万元，银行存款高达4293万元。惊艳的成绩单让各种非议与杂音变得无足轻重，1991年12月21日，《解放日报》头版头条发表《百日兼并》的通讯，更是让这一"小鱼吃大鱼"成为中国改革开放的标志性事件之一。

1993年宗庆后作为全国五一劳动奖章获得者参加上城区五一大会

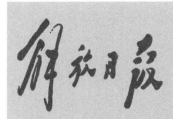

百日兼并

吴晓波

"百日兼并",在中国改革开放史上留下了重要一笔——在改革开放历史大背景下的"小鱼吃大鱼"的改革举措。这种打破隶属关系、等级差别,完全遵循经济规律,坚持优胜劣汰,实行企业组织的重新组合,实现生产要素的合理流动,促进产品结构调整的全新的兼并机制,不仅对杭州、浙江,乃至对全国整个国有企业的改革都具有深远的意义。而"娃哈哈",也借此次历史性的兼并跃上了新的发展平台,驶上了高速发展的快车道!

现在我们来详细地了解一下事情的经过。

不知道大家还记得不记得"喝了娃哈哈,吃饭就是香"这句广告词?1991年,伴随着这句耳熟能详的广告语,娃哈哈创始产品、问世三年的"娃哈哈儿童营养液",以其明显促进儿童食欲的特有功效,风靡全国,市场供不应求,每天催货的电报如雪片般飞来。

但当时,娃哈哈仅有几百平方米的生产场地,为了不失去改革大潮中可遇不可求的市场机遇,及时扩大生产规模成为了娃哈哈发展的第一个瓶口。但按照传统的发展思路——立项、征地、搞基建,在当时少说也得两三年。

然而，当时同在一城的国有老厂——杭州罐头食品厂，情况却完全不同。作为全国十大罐头厂之一，它拥有厂房60000平方米，职工2000多人。但却已连续亏损三年，负债达4000多万元，连工人工资都发不出……

接着，一个不合常理的决策成为了"百日兼并"的开场白。

杭州市委、市政府领导通过充分调查研究后作出了一个重大决策：由娃哈哈营养食品厂兼并杭州罐头厂！由年仅4岁、仅有140名员工的娃哈哈营养食品厂以8000万元代价，有偿兼并了有2200名职工、资不抵债的国营老厂。他们经过分析认为，娃哈哈具有产品、资金、机制三大优势，却无扩大生产的场地；杭州罐头厂拥有60000平方米的厂房却无当家产品。

能否让二者相互弥补，形成新的竞争优势，从而达到"既救活杭罐厂、又壮大娃哈哈"的效果呢？

1987年，娃哈哈前身——杭州市上城区校办企业经销部成立，娃哈哈创始人宗庆后带领两名退休老师，靠着14万元借款，靠代销人家的汽水、棒冰及文具纸张赚一分一厘钱起家，开始了创业历程。

第二年为别人加工口服液，第三年成立杭州娃哈哈营养食品厂，开发生产以中医食疗"药食同源"理论为指导思想、解决小孩子不愿吃饭问题的娃哈哈儿童营养口服液，靠了确切的效果，靠了"喝了娃哈哈，吃饭就是香"的广告，产品一炮打响，走红全国。

1990年，创业只有三年的娃哈哈产值已突破亿元大关，完成了初步原始积累，发生在小学校园里的经济奇迹开始引起社会和各级政府的广泛关注。

杭州娃哈哈在两三年时间内迅速崛起，成为全国瞩目的民营企业。

这场"百日兼并"不到一百天就完美地完成了它的使命，下面我们提出另一个问题，小鱼为什么能吃了大鱼？

——"娃哈哈"开展了一系列教育和劳动竞赛等活动，激发广大职工的劳动热情和主人翁责任感；

——"娃哈哈"还重新修订和完善岗位责任制及各项规章制度、工作标准、管理标准，为企业立了法规，并做到依法治厂、从严执法；

——"娃哈哈"着手机构精简工作，将原娃哈哈厂11个职能部门和杭罐厂35个职能部门合并为二室十部，聘用中层干部75人，使机构改革得以顺利进行；

——"娃哈哈"将罐头厂生产的亏损产品、库存产品及时调整下马，仅用了28天时间就在"杭罐厂"拉起了一条月产"娃哈哈"250万盒的灌装生产线，同时根据市场需要又推出娃哈哈果奶等新产品。

就这样，奇迹发生了。短短90天内，那个老大难的亏损厂，迅速扭亏为盈，原欠债还清一半，而且使原"娃哈哈"的生产能力扩大了一倍！第二年，"娃哈哈"的销售收入、利税上缴又增加了一倍多！

娃哈哈以速胜取得了全胜，这场完美的兼并堪称经典！

免费尝"果奶"，引发杭城万人空巷

凭标只免费赠果奶，是娃哈哈发展中又一成功实物广告案例。杭州甚至出现茶余饭后热议领果奶现象，一个月时间，娃哈哈果奶在杭城已是家喻户晓。

兼并杭州罐头厂后，娃哈哈具备足够的厂房和工人储备，设计研发新产品成为当务之机。很快，娃哈哈果奶被作为拳头产品迅速推向市场。

"甜甜的酸酸的，有营养味道好，天天喝真快乐，妈妈我要喝，娃哈哈果奶。"这一甜美的电视营销广告片，很多消费者至今还耳熟能详。

宗庆后善于将复杂问题简单化，他说："营销，就是解决好买与卖的关系，让顾客愿意买，让商家愿意卖。"

1991年年底，《钱江晚报》和《杭州日报》连续刊发相同广告：凭剪报标识可免费领取娃哈哈果奶。这是一个大胆而又创新的营销手段，结果大大超出了宗庆后的预料。由于果奶比报纸贵，《钱江晚报》和《杭州日报》一时洛阳纸贵，无论是办公室还是售报亭，刚一到就被一抢而空，留下的是剪去标识的一堆残报。

原先准备的30万瓶果奶很快被发完，但仍有很多人拿着剪报标识排队等候，一些促销点局面一度失控，惊动了警察前来维持秩序。一个个告急电话通向宗庆后，甚至有些人抱怨娃哈哈不讲信誉。

面对近乎矢控的混乱局面，经过众多危急公关的宗庆后显得很淡定，一方面安排娃哈哈在《钱江晚报》和《杭州日报》刊登致歉声明，重申"有票必有奶"的承诺；另一方面组织人马加班加点赶做果奶，保障后续的赠品供给。

为了增加广告影响力，宗庆后有意控制了承兑的节奏，整整持续一个多月，娃哈哈才彻底兑现"有票必有奶"的承诺。其赠送果奶近60万瓶，付出代价60多万元。随之，娃哈哈果奶的订单也不断涌来，如此"事件营销"，60万元花得物超所值！

布局口国，从重庆涪陵分公司开始

随着娃哈哈的发展壮大，如何降低运输成本成为宗庆后不得不考虑的问题，在全国布局生产基地实现销地产提到娃哈哈的工作议程。宣庆涪陵公司作为杭州以外第一个生产基地，其样板示范作用非同一般。

可靠的质量加上诗意的营销使娃哈哈得以快速崛起，1991年，娃哈哈已跻身中国工业500强，提前实现"杭罐"扭亏为盈的承诺。正是这一年，宗庆后开始在《杭州日报》面向社会招才引智，一批思维活跃、才能突出的青年大学生走进了娃哈哈大家庭。精通英语的杜建英就是在这时来到了清泰街的娃哈哈办公室，后来，她脱颖而出，一步一步成长为娃哈哈集团的高层领导。

1992年1月17日，一列没有编排车次的专列从北京开出，向着南方奔驰而去，载入史册的小平南方视察更加坚定了创业者改革开放的信心。

似乎是受到改革开放政策的鼓舞，1992年，娃哈哈的产值和利润分别是前一年的两倍。1993年5月28日，占地288亩的娃哈哈下沙基地砭土动工，宗庆后运用当时世界上最先进的设备和技术，精心打造承载他全新梦想的崭新平台。这一年，娃哈哈位居中国食品制造企业第一位，利润超亿元，宗庆后被授予"全国五一劳动奖章"。

娃哈哈的飞速发展给宗庆后增添了想象的翅膀。但随着产品运输距离日益扩大，物流成本成为制约娃哈哈进一步发展的瓶颈，为何不能在销售市场就地建厂？据专家推算，产品合理辐射半径一般为500公里左右，于是，宗庆后

千年古镇涪陵

开始谋划在全国布局建厂了。

伴随着全国支援三峡库区移民建设的热潮，1994年8月25日，宗庆后随同浙江省考察团来到对口支援的重庆涪陵。

涪陵位于长江和乌江交汇处，横跨长江南北，纵贯乌江东西，依山而建，沿江错落，是一座美丽的千年古镇。近处的荷叶青翠欲滴，远处的山峦雾气缭绕，夏日的涪陵平添了一份灵气与神奇。当然，宗庆后不是来看风景的，作为考察团中的企业界代表，他肩负着支援三峡库区建设的使命。

或许是祖母的老家所在，也或许是被江城的人文和气势所打动，宗庆后对涪陵有一种莫名的情愫，宗庆后产生了在涪陵投资建厂的强烈意向。尽管项目论证组列举了交通不便、气候较差、观念落后等众多不利条件，宗庆后还是力排众议，决定投资涪陵！

1994年10月19日，娃哈哈与涪陵市政府签订了合作协议，双方各投资4000万元成立杭州娃哈哈集团公司涪陵有限责任公司，兼并涪陵罐头厂等3家亏损企业，安置移民1200名。宗庆后向涪

陵市政府立下"军令状"：4年内实现7560万元净利润，净资产达到1.56亿元。

由于有兼并"杭罐"的经验，娃哈哈的效率和吃苦耐劳精神再次得到发挥，不足一月，就完成两条日产40万瓶果奶生产线的安装任务，同时还在美国采购一套先进的纯净水生产线设备。1995年，娃哈哈涪陵公司年创产值5678万元，利税813万元，其中利润403万元，还解决了1000多名三峡库区移民的就业问题。

涪陵公司是娃哈哈在杭州总部以外的第一个生产基地，对娃哈哈在全国的布局有着里程碑的意义。从此，娃哈哈以此为模板，在湖北宜昌、河南新乡、甘肃天水、江苏宿迁、安徽巢湖、辽宁沈阳等众多地方先后复制了上百家生产基地，以500公里为辐射半径，实现了"销地产"，最终构建了一个传奇的饮料帝国。

宿迁的街头绿地

编织市场网络，成功创立"联销体"

"联销体"销售模式是宗庆后的独创，一方面减少了娃哈哈在资金方面的风险；另一方面娃哈哈与经销商形成命运共同体，遍布城乡的销售网络成为娃哈哈又一核心竞争力。

1994年，娃哈哈已经成为中国最大的食品饮料企业，但由于前期销售上按照"赊销"模式推行，即先发货，后付款，一些"三角债""赖账"等问题逐渐暴露出来，一些经销商甚至抱有"欠钱是大爷"的想法，挟持娃哈哈不得不继续发货，最严重的时候，娃哈哈被拖欠的货款总额超过1亿元。

随着生产规模不断扩大，娃哈哈需要大量的资金去开疆拓土。但是，财务部门不时传来令宗庆后头疼的负面消息：又有经销商不按合同付款了，又有人赖账走人了！面对如此困局，宗庆后认为该是下大力气解决这一销售难题了，否则，娃哈哈迟早会被欠账拖垮。

"款到发货！"经过深思熟虑后，宗庆后掷地有声亮出了解决问题的杀手锏。娃哈哈销售公司总经理丁培玲不无顾虑反问："你不发货生意没了，市场也没了，工人都坐在那边无事可干？……"

但宗庆后还是义无反顾地下达命令："必须得这么做，如果不款到发货，我们就会死。一开始肯定会遇到问题，只要坚持下去，后面会慢慢好起来的。"话语间充满着坚定与自信！

1994年初，在娃哈哈的全国经销商大会上，宗庆后向经销商宣布了也的"联销体"创新方案：特约一级经销商拿货必须给娃哈哈是前打款，作为保证金，保证金由娃哈哈高于同期银行存款支寸利息。在经营过程中，每月进货前经销商必须结清货款，娃合哈才发货，销售结束后，娃哈哈返还保证金，并给经销商返利。

听到宗庆后所谓创新的"联销体"销售方案，经销商们闻所未闻，面面相觑，由于一时未能反应过来，竟然都蒙在那里，会场出现一段短暂的空白般的沉寂。接下来便是潮水般的吼叫与抗议！

"凭什么？""凭什么？"面对一浪高过一浪的质问，宗庆后回应道："就凭三条。第一，娃哈哈儿童口服液和果奶好销，大家有钱赚；第二，保证金是有利息的，比存银行划算；第三，生意长久，就需要信用。大家都在一条船上，不能光顾自己不顾公司，双方都得体现出合作的诚意来。"

宗庆后继续耐心解释："表面上看，你的钱先到我这里，我就不用担心你到时候不还钱给我了，风险都到你那儿去了；实际上呢，我开这些钱去搞好生产，去做市场促销，把产品做俏了，你不就可以赚更多钱了吗？如果我这边不这么弄，早晚要死翘翘，你那边也就没钱赚了。"

道理是说清楚了，但由于改革力度太大，经销商们还是难以转过这个弯，普遍拒绝接受新方案。在一片反对声中，宗庆后将"联销体"强行推行下去。

正如预想那样，娃哈哈的市场销售受到了不小的冲击，甚至出现一些实力较小的经销商跑掉了，还有一些经销商处于消极观望状态，1994年的销售情况明显低于年初预期。宗庆后相信，只要把市场弄漂亮了，经销商有钱赚，一切都会好起来。

阵痛仅仅持续了几个月，经销商便开始慢慢接受娃哈哈的新理念，销售市场渐渐转好，大约用了一年时间，宗庆后顺利完成了"联销体"推广，实现了销售网络的编网工程。

所谓"联销体"，意思是娃哈哈和经销商联成命运共同体，共担风险，共同发展，共同赚钱。娃哈哈制定严格的价差体系，各省区分公司所对应的经销商，统一划分为一级批发、二级批发、三级批发，每一级都必须严格执行对应的销售价格，实现"有钱大家赚"的共赢目标。严禁经销商向所辖区域外市场销售娃哈哈产品，一旦发生"串货"现象，将会受到取消经销权、没收保证金等严厉处罚。

在这个体系中，娃哈哈的一级批发商负责仓储、资金和向终端供货，同时管理每个地区的二级批发商，娃哈哈在一个区域内只发展一家一级批发商，娃哈哈销售公司派驻各地的销售团队派人帮助经销商管理好铺货、理货，娃哈哈人还负责市场秩序维护，防止产品"串货"现象发生，同时做好产品的广告促销工作。

宗庆后在"1990年春季娃哈哈订货会"

"联销体"模式属于娃

哈哈在行业中的独创，遍布全国城乡的销售网络，成为娃哈哈核心市场竞争力。娃哈哈因此大大减少了资金风险，经销商们虽然承受前期的资金压力，但后期获得了利润保证。由于利益共享，经销商通过契约关系融入了娃哈哈大家庭，成为娃哈哈的一支特别纵队。

"联销体"的成功得益于娃哈哈向经销商提供持续畅销的产品、足够的利润空间以及强大的市场维护能力。"联销体"的出现，娃哈哈原本超过一万人的营销队伍慢慢精简到两千人左右，事实上，相当于娃哈哈雇用了一批有自我经营能力的小老板，这样既降低了交易成本，又增强了一线营销创新水平。

"渠道为王。"从此，每当娃哈哈有新产品上市，宗庆后便可以一夜之间将产品铺向全国城乡市场的各个角落。宗庆后的"编网大师"称谓从此在商界传开。

第四章

王者风范
——"娃哈哈"的传奇角逐

　　王者之所以为王者，肯定有其独到之处。自娃哈哈坐上中国饮料头把交椅，重量级对手便接二连三出现了。伟大的对手才能成就伟大的公司，如同蒙牛与伊利，百事可乐与可口可乐，相互竞争，才能促进共同繁荣。

　　甩开对手需要真功夫，引进外资、创新产品、非常营销等连环掌被宗庆后轮番使用。AD钙奶、非常可乐、营养快线等一批为消费者认可的产品便应运而生。

　　宿迁与娃哈哈之缘，从一个侧面反映了娃哈哈"销地产"的扩张模式。

高端广告定位，彰显王者风范

娃哈哈的广告较早使用了央视的平台，但没有盲目血拼数亿元的"标王"争夺战，而是选择更为实惠的天气预报板块。同时选择青春有活力的王力宏、景岗山、毛宁等明星助阵，很好地塑造了娃哈哈的品牌形象。

联销体营销通路完成后，就需要强力的广告支撑为其营销服务。广告不是万能的，但没有广告是万万不能的。由于娃哈哈开始走的是平民化路线，大部分的消费者在农村，这些人群接受新产品信息的主要渠道来自于电视。

中央电视台成为中国各行业龙头企业争夺焦点广告的重要阵地，央视从1994年11月开始乘势搞起了竞标英雄会，于是，就有了中国广告史上最具爆炸性的"标王事件"，但当年豪情一搏的"标王"大多成了过眼烟云。

娃哈哈是一直参加央视黄金时段竞标的少数企业之一，但娃哈哈奉行的是务实原则，避开《新闻联播》后5秒标版的生死大战，而是紧紧盯住《天气预报》后15秒"A特"标版的头牌。宗庆后的说法是追求传播效果更适合的模式，没有必要放血抢风头。

宗庆后喜欢以"疯狂轰炸+明星助阵"方式来渲染霸主气氛。除了重金聘请周星驰演绎茶饮料，1996年，推出青春偶像景岗山的"我的眼里只有你"，以及另一当红歌星毛宁的"心中只有你"。1998年，台湾歌星王力宏成为娃哈哈的形象代言人，那首"爱你等于爱自己"迅速传遍了大街小巷。

值得一提的是，娃哈哈集团目前仅有两位荣誉员工：一位是台湾的王力宏，另一位是江苏的孟献国。

角逐乐百氏，演绎饮料市场龙虎斗

娃哈哈角逐乐百氏，是20世纪90年代饮料界一段精彩佳话。尽管双方在市场上撕杀凶猛，各不相让，但私下里宗庆后与何伯权亦敌亦友，惺惺相惜，是相谈甚欢的朋友关系。最终乐百氏败下阵来，何伯权暗然出局，宗庆后对此却怅然若失。

伟大的对手才能成就伟大的公司。品牌的良性竞争是有利于行业健康发展的，而且还会相互促进，共同繁荣。比如：可口可乐与百事可乐，娃哈哈与乐百氏等。

广东乐百氏，位于中山小榄镇，1989年，何伯权、杨杰强等5人揣着小榄镇政府出资的95万元，创办了中山市乐百氏保健制品有限公司。创业之初，他们租赁广州乐百氏的"乐百氏"品牌，生产配制乳酸奶。随着产品被消费者的广泛接受，逐渐成为一个全国性品牌。

20世纪90年代，在我国儿童配制乳酸奶市场上，娃哈哈和乐百氏并驾齐驱，一统天下，它们相互竞争，相互促进，两个公司都得到了很好的发展。

何伯权的乐百氏奶曾是全国果奶的龙头老大，1992年，

宗庆后在生产线

乐百氏的产值就达到8000万元，其果奶的市场占有率位居全国第一。宗庆后认识到，要想在果奶市场上有所作为，首先必须要挑战乐百氏。

宗庆后仔细研究乐百氏的果奶，发现对方只有两种口味，于是，他利用跟进创新策略，一下子推出了菠萝、苹果、草莓、荔枝、葡萄和哈密瓜六种口味，给消费者增加了更多的选择便利。娃哈哈多口味果奶一经推出，销量反超乐百氏。

1995年10月，在长沙举办的全国糖烟酒订货会上，两位果奶界高手第一次碰面。望着小自己15岁的何伯权，宗庆后不由得暗生赞叹，真是后生可畏，前途无量啊！何伯权对老成持重的宗庆后更是倾慕不已，他谦虚地称宗庆后为"宗老师"。

1995年，针对我国少年儿童33.2%钙质摄入量不足的问题，乐百氏率先推出中国营养学会推荐的乐百氏钙奶，产品在市场上掀起了钙奶高潮。1996年，娃哈哈推出由国际营养学院推荐，维护健康和营养平衡，有利于少儿钙质吸收的娃哈哈AD钙奶。

1996年，面对纯净水巨大的市场空间，手握外资的宗庆后投下10亿元巨资，从美国、德国、意大利等国引进了自动化生产设备。娃哈哈率先推出"娃哈哈纯净水"，并请出国内歌手景岗山为形象代言人。通过大规模的密集式广告战略，使娃哈哈纯净水迅速成为国内纯净水第一品牌。乐百氏积极应对，以"27层净化"为卖点，推出乐百氏纯净水，并请黎明为形象代言人。由于卖点独特，销售持续上扬，大有后来居上之势。

1998年，娃哈哈继纯净水成功后，推动品牌进一步延伸，推出了非常可乐。乐百氏随之推出了乐百氏Tea茶饮料。这一年，成为娃哈哈与乐百氏市场角逐的分水岭，两者之间的距离迅速拉大。

为什么乐百氏在与娃哈哈角逐中败下阵来？何伯权归结为如下四个因素：一是娃哈哈与达能合资搞得早，宗庆后手里有了钱，拓展业务自然游刃有余；二是娃哈哈比乐百氏早几年选择中央台，当乐百氏发现中央台广告威力时，为时已晚；三是乐百氏错误地放弃了广东市场；四是娃哈哈在1998年成功推出了非常可乐，迅速成为企业的支柱产品和主要利润来源。

2000年3月，乐百氏与达能合资，何伯权他们"四龙一凤"仅得到3%的股份。2001年11月30日，因为盈利达不到达能要求，何伯权输掉了对赌，"四龙一凤"集体辞职，含泪出局，离开了自己辛苦经营十几年的公司。

"何伯权的淡出绝不是我所希望看到的结局，一旦没有对手，企业就会失去动力。"宗庆后不无感慨地说。

引进外资，达能注资4500万美元

在娃哈哈发展关健时期，宗庆后大胆引进外资，达能4500万美元的注入，使娃哈哈得以购进一批国际一流的自动化生产设备，在行业竞争中得以脱颖而出。

1995年年底，娃哈哈的发展进入关键时期，在果奶市场上与乐百氏打得难解难分，美食城项目上市也遇到障碍，宗庆后清楚地意识到娃哈哈需要借助外力加速扩张，否则，有可能错失重大发展良机。

宗庆后开始考虑与国际资本战略合作，引进国际先进的管理经验和生产工艺，通过优势互补，加快娃哈哈事业发展。在这种背景下，香港百富勤直接投资部经办人徐新先生将达能与娃哈哈牵线走到了一起。

达能集团是一家总部设于法国巴黎的跨国食品公司，创建于1966年，集团业务遍布六大洲，产品行销100多个国家。1996年，达能集团的总营业额达到839亿法郎，是世界第六大食品集团，也是世界500强企业。

娃哈哈既要引进国际资本和国际先进管理经验，从而拉开与国内同行的距离，又要防止被跨国巨头"吃掉"，为此，宗庆后展开了与达能和百富勤的艰苦谈判，主要的谈判地点在香港。

达能方面的主要谈判代表是秦鹏和杜海德，百富勤方面是梁伯韬、霍建华、周政宁，娃哈哈集团方面是宗庆后和杜建英。达能方面聘请了律师参加谈判，娃哈哈方面没有聘请律师，这也为后来的达能与娃哈哈品牌纠纷埋下了法律隐患。

秦鹏是一位华裔法国人，对中国的国情和文化有相当地了解。秦鹏在谈判刚开始就提出达能控股的要求，被宗庆后当即拒绝。

宗庆后向对方提出四项前提条件：①合资后保持"娃哈哈"品牌不变；②合资企业经营管理全权委托娃哈哈，由娃哈哈方面的人担任董事长和总经理；③合资前企业中的员工一个都不能辞退；④娃哈哈原有的退休员工待遇不变，现有员工的收入只能递增不能减少。在宗庆后一再坚持下，达能最终接受了他的"四项原则"。

经过3个月的艰苦而细致拉锯式的谈判，1996年3月28日，娃哈哈与达能及香港百富勤的合资仪式在浙江省人民大会堂举行，《浙江日报》以"携手共创新时代"为题进行大幅报道。

根据合资协议，娃哈哈集团旗下的杭州娃哈哈食品有限公司、杭州娃哈哈百立食品有限公司、杭州娃哈哈饮料有限公司、杭州娃哈哈速冻食品有限公司、杭州娃哈哈保健食品有限公司与达能和百富勤公司合资，达能和百富勤一次性向这5家公司注入4500万美元。具体投资比例为达能49%，娃哈哈49%，香港百富勤2%。

杜海德、秦鹏、梁伯韬、宗庆后和杜建英组成董事会，宗庆后成为首任董事长和总经理，梁伯韬为副董事长。宗庆后提出一条附加条款也被各方采纳，即：一旦董事会表决出现了3：2局面，3人当中必须有1人来自娃哈哈，否则决议无效。

表面上看，宗庆后在合资公司中占有主动地位，如果百富勤

2%股份转让，娃哈哈和达能拥有同样的优先购股权。事实上，达能与百富勤出资于同一公司，他们通过内部股权转让，根本无须娃哈哈知道。所以，只有实际控股超过50%，才是真正掌握绝对的控股权。

深谙投资并购之道的达能早在合资之前，就与百富勤共同出资在新加坡成立一个金加投资有限公司，达能在金加公司占股70%，百富勤占股30%，达能和百富勤都是通过金加公司实现对娃哈哈投资的。1998年亚洲金融风暴中，达能收购了百富勤持有的金加公司的30%股权，达能从而摇身一变，直接变成了持有娃哈哈公司51%的控股股东，并最终为后来的达能娃哈哈品牌纠纷埋下了伏笔。

谈判就是双方妥协的过程，达能对宗庆后提出的近乎苛刻的

要求作出了让步，但对当时娃哈哈21.79亿元的品牌评估价值不予认可，娃哈哈的经销网络作价后也没有计入娃哈哈的投资。但不容否认的事实是娃哈哈通过4500万美元真金白银实现了一次超常规的历史性跨越，雄厚的国际资本加上勤勉的掌门人，构成了独特的竞争优势，娃哈哈开始了狂飙突进式发展，一批世界一流的饮料生产线被安装到合资公司，娃哈哈的销售收入与利润连年翻番，短短数年，娃哈哈年销售额迅速突破60亿元，将竞争对手乐百氏远远甩在后面。

1996年，是娃哈哈发展历史上具有里程碑意义的一年。一是与达能合作引进外资，二是成功推出了AD钙奶和纯净水两个主打产品。正是这一年，江苏省宿迁市被国务院批准为地级市。若干年后，娃哈哈与宿迁市实现战略合作，当然，这都是后话。

这一年，我的论文"欠发达地区外向型经济发展浅谈"获宿迁市首届哲学社会科学三等奖，因为对外向型经济的特殊关注，娃哈哈引入外资的新闻被我关注阅读且印象深刻。

非常可乐，中国人自己的可乐！

当宗庆后决定研发非常可乐时，有人预言："非常可乐，非死不可。'宗庆后力排众议，主动挑战"两乐"的垄断地位。非常可乐一经推出，即获得巨大成功。"非常可乐，中国人自己的可乐"广告语至今萦绕耳际，成为一个时代的永久印记。

1998年6月10日22时40分，法国世界杯首场足球赛在巴西和苏格兰之间展开，我国亿万观众在电视机前翘首等待精彩赛事直播。突然，在一阵铿锵有力的锣鼓声中，红与黑浓烈色彩对比的非常可乐出现在电视画面上，"非常可乐，中国人自己的可乐！"连同饱含激情的画外音，给每位电视机前的国人以无比的震撼与自豪感。

在整个法国世界杯期间，非常可乐的广告都在全国各地电视画面上强势出击。应该说，富有激情与活力的足球运动完全符合非常可乐时尚甜爽的广告定位，娃哈哈这一匠心独运的新品发布取得了巨大成功。

着手于发非常可乐产品始于1997年。那时，娃哈哈的摊子已经铺得很大，拥有儿童钙奶、纯净水等系列产品线，但要在激烈的市场竞争中维护娃哈哈的霸主地位，宗庆后迫切需要推出重量级的新产品。

当宗庆后提出研制"娃哈哈可乐"时，几乎遭到下属的一致反对。大家的担心不无道理，可口可乐是1886年诞生于美国的全球最大饮料公司，挑战可口可乐和百事可乐是一个疯狂且可怕的念想。国内一些地方先前生产可乐的尝试无一成功，比如北京的昌平可乐、河南的少林可乐、重庆的天府可乐等。

哈佛大学的一位营销教授对宗庆后说："在美国，有三件事被认为只有靠上帝帮忙才能实现的，一是彩票中头奖，二是当选美国总统，三是战胜可口可乐。"

宗庆后认为，尽管可口可乐和百事可乐已经在可乐市场上形成绝对垄断，作为流行的碳酸饮料，在中国农村市场还是一个空白区，娃哈哈完全可以通过信息数据不对称和价差占领农村市场，这应该是得益于避实就虚的毛主席游击战思想影响。

宗庆后从可乐的配方和包装设计，再到广告宣传推广，都一一参与。宗庆后还投入巨资，从德国、意大利引进世界最先进的制瓶和灌装生产线，再根据消费者的口味，对配方进行上千次的改进。

非常可乐研发阶段，外界也普遍质疑声不断，有人说："非常可乐，非常可笑"，"非常可乐，非死不可。"事实上，1998年，非常可乐上市不久，市场就给出两种不同的反应，在大城市，"非常可乐"遭到冷遇，可口可乐长期打造的文化品牌优势无法撼动；在农村市场，"非常可乐"凭借价格优势和不错的口感，得到了消费者空前认同与好评。

正是由于农村市场的强力支撑，"非常可乐"创造了超出预期的可观业绩，2003年，非常可乐全年销量超过60万吨，直线逼近百事可乐在中国区域的销量。

非常可乐的成功也可以说是宗庆后运用毛泽东"农村包围城市"到商战中的又一成功案例。宗庆后认为，就饮料等大众消费品而言，中国市场的肉在城镇和农村，而骨头则在北上广这样的大城市，前者为主战型市场，后者为窗口型战场。非常可乐转战在中小城市及广大农村市场，故取得骄人的业绩。

非常可乐的横空出世，既是一种尝试，也是一个奇迹，成为中国可乐市场争战的独特故事。可口可乐作为世界一流企业已经走过150年的历史，无论管理还是文化，娃哈哈都有很大的差距，毕竟娃哈哈刚刚迎来30年创业纪念日，与打造百年企业还有很长很长的路要走。

宗庆后对自己一手策划的非常可乐甚为满意，他以此喻为与"两乐"高手下棋，检验了娃哈哈品牌、文化影响力，也检验了娃哈哈的创新和营销能力。

何伯权也认为非常可乐的成功不仅是赶上了一个好机会，而是宗庆后一次有计划有预谋的深思熟虑之举。

对手袭来，"农夫山泉有点甜"

农夫山泉放弃纯净水生产的成功策略，使其成为天然水的第一品牌，宗庆后联合纯净水同盟奋力应战，成就了娃哈哈纯净水的盟主地位。这次本土企业的正面交锋，农夫山泉的品牌推广更胜一筹。

在中国本土企业中，与娃哈哈称得上对手的，除了乐百氏，就要数到养生堂了。养生堂以其独特的营销和策划独行天下，"农夫山泉有点甜"广告语更是博得满堂喝彩，被饮料界奉为经典佳话。

二十年来，在业内享有"孤狼"称号，农夫山泉创始人钟睒睒与娃哈哈的恩怨情仇始终挥之不去，过程可以拍成一部电影。

钟睒睒，浙江诸暨人，1954年出生，曾在浙江日报社做了五年农村部记者，海南建省的1988年，他突然辞职下海，1993年创办养生堂有限公司。1996年9月在杭州投资创立农夫山泉股份有限公司，注册资金为3.6亿元，生产和经营饮用水、果蔬汁饮料、功能饮料、茶饮料等4大系列几十种产品。

1991年，钟睒睒的身份还是娃哈哈口服液在海南和广西两省的总代理商。这一年，双方发生了一场不小的风波。

由于海南是新开发的经济特区，饮料市场处在启动预热阶段，娃哈哈对海南代理方面有优惠价格；另一方面，娃哈哈口服液当时在广东热销。

于是，钟睒睒把在海南低价拿到的娃哈哈口服液，运到其非代理区域的广东省湛江市高价销售。

作为一个商人，钟睒睒上述牟取利润的手法无可厚非，但这种无视规则的"串货"行为对娃哈哈销售市场造成较大冲击。因为此事，他与宗庆后一度闹过不愉快。

钟睒睒总结自己的经商经验，曾提出："一个小企业要发展壮大，它所经营的种类必须具有唯一性，而且必须是暴利的，因为没有规模效应来供其慢慢积累。"

这句话代表着钟睒睒一直以来的产品设计和营销风格，其营销的突出特点是注重独到的概念切入点，因为独到，所以能让用户耳目一新，进而迅速在市场上打出空间。

20世纪90年代中期，在海南发展的钟睒睒突然杀回杭州，公司总部设在西子湖畔距娃哈哈公司仅数公里的省青年活动中心。2000年，养生堂总部搬进了杭州黄龙体育中心侧楼。

杭州是水市场各路英雄云集的战略要地，记者出身的钟睒睒开始挑战同城的娃哈哈纯净水，谋篇布局他心中的水文章。

独到的概念切入，通常又与钟睒睒最热衷的"事件营销"结合起来，达到最大的吸引眼球效果。

2000年4月24日，养生堂总裁钟睒睒在新闻发布会上宣称，经科学实验证明，长期饮用纯净水对人体健康无益，农夫山泉公司从此将不再生产纯净水，而只生产天然水。

这个爆炸性新闻源于农夫山泉的营销攻略，如果推动顺利，农夫山泉的天然水将统领江湖。

与此呼应的是，从央视到地方电视台播出了一则别具一格的广告：一位老师分别用纯净水和天然水做水仙花的生长对比试验，画面显示，天然水所养的水仙花要比纯净水所养的水仙花既生长快且花质好。

老师不失时机问坐在身旁的一群小学生："有没有差别？"

"有。"孩子们天真地回答。

"现在你们该知道喝什么水了吧？"老师顺势再问。

"农夫山泉有点甜！"孩子们再次异口同声地回答。最后画面定格在醒目的字幕上：农夫山泉决定停止生产纯净水，全部生产天然水。

以前瓶装水以纯净水独霸天下，而今养生堂天然水才是健康的水，长期喝纯净水不利于身体健康。瓶装水市场风云突变，农夫山泉迅速占领了天然水市场，以娃哈哈为代表的纯净水生产商面临着颠覆性的市场变局。

农夫山泉这一突袭式宣传，犹如一枚深水炸弹，给瓶装水市场掀起巨大旋涡与波涛。娃哈哈作为纯净水市场的巨头当然不能坐以待毙，2000年6月4日，娃哈哈作为纯净水行业盟主向各地纯净水协会和企业发出邀请函，通过在杭州举办研讨会号召行业团结起来，声讨农夫山泉，用法律捍卫自己的利益。

据说，曾有人建议将水仙花生长试验扩大为三瓶水：纯净水、天然水、猪粪水，自然猪粪水的水仙花生长的最好，难道猪粪水也适合饮用吗？！

相关专家说："水就是水，符合国家标准安全卫生健康的水都是好水。"在纯净水生产企业联合围剿下，农夫山泉在取得市场差异化定位后适时结束了这场争斗。这场争斗的最大赢家当然是农夫山泉，它自己成功定位为"天然水"，"农夫山泉有点甜"这一经典广告也暗示水里含有什么东西，不是那种平淡的纯净水。但纯净水企业也尽力将损失降到了最低。作者认为，如果当初娃哈哈顺势也推出天然水，今天的水市场格局说不定会重新划分呢。

无论舆论如何评价，农夫山泉此次策划活动可以说取得了预期的轰动效应。农夫山泉采取了品牌突变策略，通过与原有品牌中单一"纯净"元素的割裂，成功向品牌中注入"天然""健康"等元素，达到了进一步整合资源，引起关注的效果。从此，农夫山泉与天然水建立了关联，完成了一次品牌的完美变身。

此后的事实证明，虽然养生堂此举使农夫山泉一夜成名，但其最初意欲打跨娃哈哈的想法却没有实现。通过这一事件，娃哈哈事实上确立了纯净水行业的盟主地位，宗庆后在行业内说话的份量开始变得举足轻重。

"交火"康师傅，茶饮料市场起纷争

为了与康师傅"冰红茶""冰绿茶"竞争，娃哈哈推出了"天堂水，龙井茶"，杭州的好水好茶加上冯小刚和周星驰的名星广告效应，茶文化被娃哈哈充分演绎。

在中国饮料市场上，可口可乐是碳酸饮料的第一品牌，康师傅是茶饮料的第一品牌，汇源是果汁的第一品牌，娃哈哈在纯净水、八宝粥、含乳酸奶饮料市场长期占据第一名。娃哈哈与康师傅的终端"交火"始于茶饮料。

康师傅控股有限公司是一家台资企业，总部设于天津市，主要从事生产和销售方便面、饮品、糕饼以及相关配套产业的经营。自1992年研发生产出第一包方便面后，迅速成长为国内乃至全球最大的方便面生产销售企业。

娃哈哈的主业是饮料，康师傅的主业是方便面。康师傅首先在茶饮料市场发力，其旗下"冰红茶""冰绿茶"两款茶饮料，一举拿下全国50%的市场份额，取代旭日升成为茶饮料市场第一品牌地位。

娃哈哈用其一贯的跟进策略，迅速反应，推出娃哈哈"非常茶饮料"，通过周星驰和冯小刚两位大牌明星激情演绎，让"天堂水，龙井茶"一时风生水起。

龙井茶是大家公认的好茶，"天堂水，龙井茶"这个概念的提出，是对康师傅简单意义上的红茶、绿茶一次极有震撼力的概念强化，所谓卖点呼之欲出，使"天堂水"和"龙井茶"杭州元素有机结合起来，形成了品牌特有的文化魅力。

2002年2月，广州市场出现一件奇怪的事，娃哈哈茶饮料在各大店铺突然一夜之间消失了，取而代之的是康师傅茶饮料。

原来是康师傅对娃哈哈出了一招狠招，对广州大小超市的批发商进行回馈活动，即批发康师傅茶饮料可以免费得到立式电冰柜、雨篷等物品，但前提条件是批发商不卖娃哈哈茶饮料。

面对康师傅的"特殊手段"，娃哈哈一方面通过法律渠道依法维权，另一方面推出了岚风绿茶和阳光冰红茶两款新品。娃哈哈新款茶饮料一经更新，就迅速打入市场并赢得较好业绩。

双方你来我往，奇招百出。康师傅于2003年推出了茉莉清茶，以其独特的清香和自然的芬芳成为市场中的奇葩。娃哈哈没有让对手得意太久，迅速推出花茶和蜜茶。

本来康师傅率先推出红茶、绿茶概念，在市场上抢得先机，而娃哈哈在"茶""文化""健康"上做更细分的文章，凭这一点，娃哈咔茶饮料迅速成为三大饮料品牌之一。

产品创新，营养快线重磅出炉

2005年，娃哈哈重磅推出纯正果汁加香浓牛奶的营养快线，口感心怡，包装新颖，一上市便得到消费者广泛关注与认可，并以惊人的速度领跑市场，2009年卖到120亿元，直逼王老吉凉茶单品饮料销量记录，创造了娃哈哈发展史上又一段传奇与佳话。

果奶、纯净水、红茶和绿茶，娃哈哈一直采取的是品牌跟进战略。能不能打造一种娃哈哈独有的高端大气的新产品呢？宗庆后进行思考着。

2005年，根据中国人独特的膳食结构和营养状况，娃哈哈精心研制了全新的牛奶果昔饮品——营养快线。

纯正果汁与香浓牛奶的完美结合，让营养快线不但有牛奶的营养和钙质，还有来自果汁的丰富维生素。由于该产品口感心怡，包装新颖，营养快线一上市就获得市场和消费者的广泛关注与认可，成为人们的营养早餐，并以惊人的速度领跑市场。

娃哈哈营养快线2005年销售额7亿元，2007年销售额50多亿元，2009年卖了120亿元，赶超"中国第一罐"王老吉，成为销量最大的饮料单品之一。

营养快线火爆销量背后，是产品命名、卖点、广告、设计、营销、创新等方面精心谋划布局的结果。

关于品牌命名，作者也有一些感悟：产品名称不能过于直白，否则不利于推广。比如，红牛、加多宝、和其正、营养快线等成功品牌，都是让消费者想一想，问一问才能明白的，哦，原来是一款饮料。

营养快线的品牌命名，突出卖点，高端大气，迎合了都市人的现代生活节奏。在包装设计上，营养快线也独树一帜，时尚新颖，深受城市白领消费群体的喜爱，成为营养早餐、课间小憩、聚会旅游时的理想选择。

宗庆后的思维是开放超前的，2005年，娃哈哈将刚推出的营养快线与腾讯"QQ幻想"合作，营养快线被当作一种必须的"补血道具"，嵌入到腾讯的游戏之中，玩家既可在现实中喝到营养快线，又可以在虚拟世界里买到这一补血道具，起到了很好互动广告效应。

娃哈哈营养快线开创了一个全新的产品品类，是娃哈哈自主研发的成功品牌，也是宗庆后先生的又一得意之作。

天有不测风云。2011年12月，一条有关娃哈哈"营养快线"的负面消息突然在网络上疯传。原来有位好事者做了一个实验，他将娃哈哈营养快线倒入一个盘子中，过了一夜之后，饮料被阴干了，只剩下一层白色胶状物。这位网友将自己的实验上传到网络上，有的网友跟贴调侃道：晒干都能当避孕套了！

这是一个对食品安全特别敏感的时代，受到惊吓的人们纷纷大呼：伤不起！

面对突如其来的"乳胶门"事件，宗庆后意识到必须尽快化解这次重大信誉危机。"尽快安排权威检测部门对营养快线再做一次全面细致检查，拿出检测报告公诸于众，迅速回应消费者的关切。"宗庆后有条不紊地安排着应对之策。

2011年12月21日晚，娃哈哈对乳胶门事件作出正式回应，称包括牛奶在内的含乳饮品含有丰富的蛋白质和碳水化合物等营养物质，在水分挥发后呈凝胶态属正常现象，经检测，营养快线的产品是安全的，消费者可放心饮用。

2016年12月1日，由新华网主办的2016中国食品发展大会在北京举行。会上，娃哈哈的营养快线荣获2016中国食品七星经典奖。

三次握手，见证宿迁娃哈哈成功招商

世纪之交，正当娃哈哈集团实施"销地产"战略布局的关键时期，全国各地为了招引这个饮料龙头企业竞相到杭州上门招商。2002年，娃哈哈选择在距宿迁120公里的徐州市投资建厂。宿迁招商人不灰心，不气馁，通过艰苦努力，终于在2005年实现娃哈哈在宿迁建厂的梦想，将"不可能"改写为"不，可能！"

2006年3月23日，虽说季节已是春天，但晨风中还有些许寒意。我正骑着摩托车在上班的路上，手机忽然响了起来，宿迁娃哈哈总经理罗继伟打来电话："第一条生产线今天进行最后调试，首批宿迁产娃哈哈饮料即将正式下线，邀请你到现场见证这一历史时刻。"

11时55分，围观的人群突然出现一阵躁动，第一瓶罐装好的"娃哈哈AD钙奶"通过传送带出现在大家面前！作为宿迁娃哈哈项目的引资人，此时此刻，我再也抑制不住激动的泪水，长达5年艰苦曲折的招商历程又一次呈现在我的眼前……

那是1999年10月，我主动离开了较为优越的财政工作岗位，通过公开招聘成为宿迁经济开发区的一名招商人员，如何招引带动宿迁经济发展的大项目成为我当时最迫切的梦想。

宿迁是1996年7月经国务院批准设立的地级市，全市人口580多万，总面积8555平方公里。宿迁是楚霸王项羽的故乡，著名的洋河绵柔型白酒"梦之蓝"即产于此。清代乾隆皇帝一生中六下江南，曾五次驻跸于此。宿迁农副产品资源丰富，水质优良，交通便捷，且具有淮海经济区大市场优势，特别适合食品饮料产业发展。

2000年春天一个上午，我凝望着办公桌上的仙客来发呆，"仙客来，仙客来也。"我心中默念并在纸上随意地写着画着。到招商岗位转眼已过半年，但始终没有大的工作突破，多么希望有投资意向的大老板如"仙客"一般来宿迁考察啊！

这一年，世界经济正慢慢地从亚洲金融危机中走出，需求明显回升。我习惯性打开电脑浏览，一条"娃哈哈改制"的新闻跃入我的眼帘："宗庆后和员工从政府手中买回了娃哈哈集团55%的股份。""我为什么不能招商娃哈哈呢？"一个近乎疯狂的念想突然在我脑海中闪过。

说干就干！我鬼使神差地到两公里外的商店买来一瓶娃哈哈纯净水。我拿起瓶子有滋有味读了起来："生产地址：杭州市秋涛北路128-1号，联系电话：86-0571-86993255"，我按图索骥将电话打了过去，对方的态度很热情，但人家仅仅是负责销售业务的，通过3个转接电话方才联系到娃哈哈对外投资部的电话。

娃哈哈投资部郑振国先生耐心听取我的招商想法和市情介绍后，很礼貌地跟我说："感谢你对娃哈哈的信任，但非常抱歉，我们今年没有对江苏的投资计划。"这个类似婉言谢绝的电话隐藏着巨大商机：今年没有计划，说明明年可能有计划！就这样，一个极具价值的招商线索被我牢牢地抓住了。

2001年7月，我揣着宿迁市政府的邀请函到杭州娃哈哈总部敲门招商。总经理助理施惠明先生仅给我15分钟时间，我将宿迁的区位、交通、政策、资源、生态环境一口气报了出来，当我递上《娃哈哈在宿迁投资可行性方案》时，施惠明显然受到了感动，交流时间被延长到50分钟。从此，宿迁被列为娃哈哈在苏北投资的备选城市之一。

2002年5月，以"满天星星不如一个月亮"为题的娃哈哈项目分析报告被呈报到市委、市政府主要领导。从此娃哈哈招商被推上了快车道。

2002年7月20日，宿迁市党政代表团首次到杭州娃哈哈总部考察，我作为招商联络人提前一天到杭州打前站。刚走进娃哈哈集团，一股喜庆的氛围便扑面而来，原来两天前，在杭州第一届工业兴市大会上，宗庆后和鲁冠球、冯根生一起分别被市政府重奖300万元。

心情正好的宗庆后在秋涛路公司总部热情接待了宿迁党政代表团，正是在这次洽谈会上，确认了娃哈哈在苏北的投资计划。会谈结束，宗庆后亲自送行到电梯口，并与宿迁代表团成员一一握手，我也实现与宗庆后先生第一次握手。

2002年7月30日，阳光明媚，骄阳似火。娃哈哈集团董事长宗庆后带着党委书记杜建英和投资部主任顾小洪分别考察了江苏的徐州和宿迁两市。我全程参与了接待工作，并与宗庆后先生实现了第二次握手。尽管宿迁市展现了极大的招商热情，但毕竟在商言商，娃哈哈选择了与宿迁相邻的徐州市建厂投资，原因是徐州更为便捷的交通和更大的市场优势。

娃哈哈在徐州建厂后，在宿迁的投资机会是零。因为他们从不在500公里半径内重复建厂，而宿迁距徐州仅120公里。但我心有不甘，带着一丝侥幸仍然继续到娃哈哈招商。

2003年"非典"期间，我从自己家里拿出1800元买了50套口罩、肥皂、洗手液分送给娃哈哈徐州分公司的工人们，此举令徐州分公司总经理罗继伟大为感动，他拉着我的手说："你们始终想着娃哈哈，谢谢啦！"

　　2004年夏季，我又一次到杭州娃哈哈招商，但顾小洪给我还是明确的否定回答。多年无功而返的招商给我带来巨大的思想压力，一个夜深人静的夜晚，月光皎洁，大地如银似水。西湖的夜景是这样美好，我的心情却如此灰暗！我从白堤漫无目的地走到了孤山小径，看到田田的荷叶在月光下摇戈着身姿，我不由想到了朱自清《荷塘月色》中描写的自由心境：此时，我什么都可以想，什么都可以不想。来到"空谷回音"时，蓄积已久的压力终于找到释放口，我忍不住对着宝石山高声呼

娃哈哈，到宿迁去

喊："娃哈哈，到宿迁去！"充满激情的回声在西子湖畔久久回荡……

一个周末的下午，顾小洪罕见地主动给我打来电话，说娃哈哈因为宣传中冠有"绿色食品"被盐城某县工商局要求罚款20万元，希望我们能帮助协调解决。接到电话后，我找来《商标法》等政策法规连夜学习，绿色食品作为公有名词不应该被限制使用。

为此，我和开发区领导李前聪专门到盐城上门沟通，罚款和网上通报最终被取消。在其他地方出现的类似问题，他们通常动用律师要半个月才能解决，而我们仅用5天时间就顺利解决了，顾小洪不无感慨地说："苏北如再有投资计划，当首选宿迁！"

精诚所至，金石为开。娃哈哈项目招商在2005年终于迎来了转机，随着淮海经济区市场的不断拓展，娃哈哈董事会决定在苏北扩大投资。但追加投资是继续放在徐州，还是放在宿迁？董事会大部分意见倾向于在徐州就地扩大投资，因为在宿迁投资不仅无益于减少运输成本，反而会增加行政成本。但投资部主任顾小洪和徐州分公司总经理罗继伟在关键时刻把票投给了宿迁，令结果向有利于宿迁的方向转变。

2005年8月17日，宗庆后再次到宿迁实地考察投资，为了营造招商氛围，我们在洽谈室、考斯特、会客厅以及宾馆等宗庆后活动的地方一律用娃哈哈饮品接待，宗先生目之所及，全是娃哈哈。这一次，我在徐州观音机场实现了与宗庆后先生第三次握手。

顶着30℃的高温，宗庆后一行到娃哈哈备选地块实地考察。

这是一片绿色的海洋，古楚社区的水稻正在扬花抽穗。"好，就这一块吧。"完了，做过农民的宗庆后还不忘叮嘱其下属："一定等到老百姓收完这一季水稻再开工啊！"

此时此刻，我感到从来没有过的成就感。是啊，正是宿迁招商人通过永不言弃的理念，将"不可能"改写为"不，可能！"。我想到在招商最艰难时期妻子那句经典的励志语言："放弃比失败更丢人！"

项目的成功落户仅是招商工作的开始，只能画逗号而不能画句号，接下来的帮办服务才是更重要的招商。

作为宿迁娃哈哈项目的帮办服务人，从水、电、路等配套设施建设，到工商注册、税务登记等手续的办理，我都全程参与服务。从2005年10月开工到2006年3月投产，宿迁娃哈哈又创造了建设周期的新记录，娃哈哈集团真切感受到宿迁高效快捷的办事效率。

2007年，娃哈哈集团决定再次在宿迁追加4条生产线，如今，宿迁娃哈哈已累计增加到9条生产线，年产值可达15亿元，位居全国生产基地前6位。

宿迁娃哈哈饮料有限公司是杭州娃哈哈集团在全国第33家分公司，是与达能没有任何关联的非合资公司。宿迁娃哈哈的设立正值娃哈哈集团在全国扩张布局的高峰阶段，是降低运输成本实现"销地产"的重要举措。

由于经常到娃哈哈招商，我竟与娃哈哈门前的补鞋匠老张混得很熟了。老张名曰张方全，长年在清泰街高架桥下补鞋。他说，他是看着娃哈哈一天一天长大的。

张方全，1949年腊月出生。浙江绍兴人，小学文化。在闲聊中得知，老张与宗庆后都是在20世纪80年代创业，一位在搞饮料；另一位在马路对面修鞋。

2012年10月，作者赴杭州参加娃哈哈25周年庆典时，又与张方全老人在清泰街不期而遇，此时的宗庆后已是《福布斯》和胡润排行榜饮料首富，而老张还在那里修鞋补车。对此，老张问我：同样是早起晚睡，同样是艰苦努力，我与老宗的差距咋这么大呢？！我一时无语……

本人锲而不舍的招商以及对娃哈哈文化的独特理解，引起了娃哈哈集团的关注。2006年秋天，《娃哈哈集团报》记者王丽卿对本人进行了专访，并以"一生只做一件事"为题在娃哈哈集团报总第212期上发表。

一生只做一件事

王丽卿

一个秋日下午，一位三十多岁的中年人来到本报编辑部，讲述了他与娃哈哈不同寻常的故事。他拿出的名片很普通，江苏省宿迁经济开发区的一位招商人员，而他同时拥有的另一个身份却很特殊——"娃哈哈荣誉员工"。他就是孟献国。

故事得从六年前说起。2000年，孟献国开始与娃哈哈方面接触，希望企业在宿迁投资建厂。经种种努力，2002年7月，娃哈哈老总宗庆后终于带队来到宿迁考察。宿迁市委、市政府主要领导对宗总的到来非常重视，亲自接待，孟献国也全程参与了接待工作。那一次，宗总其实一路考察了多个省市，行程踏过大半个中国，而宿迁方面的热情是首屈一指的。当地《宿迁日报》连续两天均在头版报道了宗总的考察过程。其殷切招商之情更胜他处。

然而，仅仅10天后，正盼着好消息的孟献国却从《扬子晚报》上看到一篇娃哈哈项目落户徐州的新闻。他呆了，仿佛一盆冷水将他从头到脚浇了个透！他在床上躺了一天一夜，一遍又一遍地问自己："怎么办？怎么办？"

娃哈哈选择同处苏北的徐州建厂，主要原因是徐州地理位置好，交通更便利。而既已选择徐州，宿迁几乎再无投资可

123

能。因为娃哈哈从不在500公里半径内重复建厂，而徐州距宿迁仅120公里。

冷静下来的孟献国开始仔细分析。宿迁域内有洪泽湖、骆马湖两大淡水湖，水质好，对娃哈哈这样做食品饮料的企业非常适合，这是天然的优势；宿迁的投资环境好，市委、市政府招商很有诚意，这是人为的优势。孟献国抱定信念，宿迁是娃哈哈在江苏最好的投资地。"我带着一种使命感，一定要促成娃哈哈与宿迁的结缘。"

从那时开始，他开始研究娃哈哈历史，研究宗总。"我看了很多资料，不断关注着娃哈哈的发展，我觉得娃哈哈是一个很有责任感的企业，我把自己也融入了娃哈哈。"

孟献国似乎对娃哈哈着了魔，一有机会还到处向人介绍企业，介绍宗总。"我老婆有时看电视，就打趣我，你看你们娃哈哈又做广告了。"

他的痴迷不仅停留在情感层，还尽心尽力地为娃哈哈办实事。

冬去春来，一年又一年，娃哈哈没有来，但孟献国一直没放弃努力。有一次，妻子问他："如果最终娃哈哈也不来宿迁，你怎么办？你以后能不能活下去？""我真没能回答上来，当时眼泪都下来了。"时至今日说起这事，他仍百感交集。

2004年，娃哈哈项目招商到了第五个年头，多年无功而返的招商给孟献国带来了巨大的思想压力。在他最感绝望时，是妻子的一句话给了他支持。妻子说："放弃比失败更丢人。"这句话深深地震动了孟献国，激励着他继续坚持下去。

经过慎重考虑和冷静分析，2005年年初，孟献国主动向开发区管委会领导立下军令状：如果今年娃哈哈还不能招商成功，我愿接受组织处分！不给自己留后路的孟献国准备背水一战。

在他的牵头努力下，2005年宿迁市领导一年三次来到杭州拜会宗总。"有一次，我们来时宗总正在召开会议，我就与黄秘书说不用告诉他，不要打扰他。我们在下沙基地等了一天，第二天黄秘书在会议间隙向宗总汇报了这事，宗总很感动，抽时间立即会见了我们。"

诚意感动了娃哈哈。2005年8月17日，宗总第二次踏上宿迁大地，他在考察中当场拍板在这里投资建厂，一期工程就有150亩地，两条生产线。而徐州只有一条生产线。

孟献国的梦想终于实现了。在宿迁公司开工典礼上，娃哈哈公司领导说："娃哈哈之所以在这里投资，是因为宿迁亲商的氛围、务实的作风和锲而不舍的引商精神。"

"我觉得人一生只做一件事。我这一生，只要把娃哈哈引到宿迁，就可以了。"孟献国感慨而欣慰地说。

宗总亲自签名，授予孟献国"娃哈哈荣誉员工"称号。当地宿迁总经理将证书递给他时，郑重地说："你是我们娃哈哈第一个荣誉员工，你很荣幸，你也担得起。"现在，这本证书被端端正正放在他家书房最显眼处。目前，获此殊荣的仅有两位：一位是台湾的王力宏，一位是江苏的孟献国。

2006年，宿迁市建市十周年，孟献国入选"建市十年十大功臣"。在颁奖典礼上，他激动地说："我爱民族品牌娃哈哈，我爱绿色家园新宿迁。娃哈哈和宿迁的结缘，是我一生中最美的心愿之一！"

进军童装行业，初尝多元化受挫

2002年，娃哈哈进军童装业，这一年，被称为娃哈哈多元化元年。但毕竟隔行如隔山，虽经一番苦心经营，娃哈哈童装业一路艰难前行，始终未能取得理想业绩。

娃哈哈起步于儿童营养液，娃哈哈品牌来自于新疆儿歌，可以说，娃哈哈与儿童之间有着不解之缘。宗庆后一直怀有一种梦想，希望有朝一日，孩子们喝着娃哈哈的饮料，穿着娃哈哈的童装，唱着娃哈哈儿歌……

宗庆后行事风格一向注重稳妥，是否上童装一定要经过专业团队的论证。宗庆后拿到的调查报告显示：国内童装业呈现"底、小、散"的状态，尚缺乏行业领军企业。而娃哈哈以儿童产品起家，并且在全国拥有健全的销售网络，上马童装产业有着巨大的发展潜力！

2002年，在外界一片议论声中，娃哈哈宣布进军童装行业，进行企业跨行业发展。宗庆后雄心勃勃描给发展蓝图：当年开设2000家专卖店，年销售达到10亿元。

经过一番积极筹划，他们采取借船过海的办法，找到一家香港老牌服装企业——达利国际集团作为合作对象，合资建立杭州娃哈哈童装有限公司。

在此之前，娃哈哈已进行多次品牌延伸，从儿童营养液到纯净水、可乐、果奶饮料等，但都没有脱离饮料行业。这一次将品牌延伸到与食品饮料毫无关联的儿童服装行业，着实令业界感到震惊。从定位学理论来说，这将会对娃哈哈饮料品牌进行稀释，无疑是一个不科学的决策。

娃哈哈童装一经推向市场，先前许多没有料到的问题便陆续暴露出来，比如儿童身体发育各异，高矮胖瘦各有千秋，根本无法像饮料一样大规模同时生产，而且儿童身体长得快，产品使用寿命短，因此农村消费者很少会舍得三百元左右买一套只能穿一年的服装。

远未达到预期的市场反应给娃哈哈泼了一盆冷水，"绿色环保童装"未能成功。宗庆后在童装公司成立时制订的一年内发展2000家娃哈哈童装连锁店的计划，在发展到800多家时不得不叫停。

因为经营理念上存在较大差异，与达利合作不久便宣告分道扬镳。2002年年底，达利正式退出娃哈哈童装有限公司，娃哈哈开始艰难地独撑童装发展局面。

经过多年苦心经营，娃哈哈童装业绩却难以取得满意业绩，但其意义却非同一般，毕竟是娃哈哈多元化迈出的第一步。

第五章

宗氏管理
——"娃哈哈"的特色文化

娃哈哈的企业文化很土却很实用，无师自通的宗庆后靠其开明的专制，将娃哈哈打造成为中国饮料行业的领军企业。

"凝聚小家，发展大家，报效国家"的"家"文化是娃哈哈的核心文化，正是以宗庆后为班长的大家庭团结精神，攻克了一个又一个发展中的困难与难题。

坚守主业、现金为王、跟进创新等明显带有宗氏风格的管理理念，构成娃哈哈独特的经营文化。

当今的经济新常态背景下，娃哈哈文化是否也需要与时俱进的变革呢？

娃哈哈的"家"文化

　　文化是企业的灵魂，娃哈哈在创业初期，宗庆后就积极营造以人为本、注重亲情的"大家庭"企业文化。"家"文化如今已渗透到娃哈哈员工的内心，对娃哈哈的可持续发展起着潜移默化的作用。

　　资源是会枯竭的，唯有文化才会生生不息。文化不仅包括知识、技术、管理、情操等，也包括一切促进生产力发展的无形因素。一个企业没有文化，就如同一个产品没有品牌。

　　娃哈哈之所以保持30年长盛不衰，其独特的企业文化功不可没。娃哈哈的企业文化很土，却很实用，许多地方其他企业不可

2003年宗庆后为娃哈哈的新人们颁发婚典证书并赠送礼金

复制，但可以从中借鉴。

娃哈哈建立的是以人为本、严爱结合、富有人情味的"大家庭"企业文化。娃哈哈的"家"文化伴随企业的成立而诞生："凝聚小家，发展大家，报效国家。"即：关心员工和经销商，提高他们的福利收入，增加幸福感；共同发展企业，维护大家核心利益的基础；通过实业发展报效国家。

娃哈哈是一个大家庭，宗庆后是理所当然的家长。对待员工，宗庆后向来是张弛有度，宽严结合。娃哈哈每年都搞年夜饭，每当此时，家长都会参与其中，其乐融融，还会给员工派送红包。

宗庆后认为，以人为本首先要充分尊重员工，要注重兼顾企业和员工的共同发展，力求做到"消费者第一"和"员工第一"统一起来。

同时，宗庆后在娃哈哈实施优胜劣汰的竞争之道，做到奖罚分明，实行合理的利益分配。干得多的，多得；干得少的，少得。有能力的，上；无能力的，下。大学生初进工厂，首先必须到一线生产岗位锻炼，学会与普通工人沟通感情。

娃哈哈还专门设立同事节，提出了"互助、互谅、互学、互通、互敬"的"五互"精神。宗庆后希望通过员工之间互动交流，构建一个更为和谐、平等的充满人情味的大家庭。

宗庆后说："真正优秀的管理者，就是让人愿意跟着你一起奋斗，企业成功的根本力量就在于超越赚钱的使命感。"朴素的语言反映宗庆后以人为本的管理理念，在商战中，他都把保障员工的利益放在心上。比如，在与达能合资谈判中，他提出退休员工的待遇不变，45岁以上员工不许辞退等。

娃哈哈"家"文化的凝聚力在达娃之争中得到充分体现，在宗庆后心力交瘁的关键时刻，到处都是"我们坚决支持宗总"的声音。作为一名荣誉员工，本人密切关注事态发展，还及时发去了"依法保卫娃哈哈品牌"的机关建议。

"励精图治，艰苦奋斗，勇于开拓，自强不息"是娃哈哈精神，16字的企业精神是娃哈哈文化体系的起点与核心，伴随着娃哈哈走过了30年风雨历程，还将对娃哈哈未来发展继续发挥文化引领作用。

宗庆后在体育场与员工在一起

开明的专制，娃哈哈核心竞争力

一家之长的宗庆后在娃哈哈享有绝对的权威，宗庆后将自己与员工的关系定位为"怕我但不恨我"，同时将集权解读为开明的专制。有人将万科的王石管理方式与宗庆后比较，宗庆后认为两者行业不同，同时承认娃哈哈的管理方式需要进一步改进。

如果你问什么是娃哈哈的核心竞争力？"宗总就是我们的核心竞争力。"娃哈哈的员工大多会这样回答。

没错，开明且专制的经营奇才宗庆后的确是娃哈哈最根本的核心竞争力。宗庆后曾说："中国现在成功的大企业，都有一个强势的领导者，都是大权独揽的开明专制者。"

"我和员工的关系概括来说就是怕我不恨我。没有人怕你的话，这个企业绝对搞不好，但你管他要管得有道理，同时也要关心他。"宗庆后解读他的强势地位。

宗庆后认为如果一个企业没有一个权威领导，这个企业可能会成为一盘散沙，树立权威的同时要充分发挥员工的聪明才智和工作积极性。

娃哈哈高度集权的扁平化管理模式在国内极为罕见的，创业20多年不设副总，宗庆后直接指挥到部门及分公司负责人。这种模式一方面带来高效快捷的办事效率；另一方面也存在决策失误带来的风险。所幸的是娃哈哈到目前为止，尚未出现大的决策失误。

宗庆后在一次演讲中对华为创始人任正非不乏溢美之辞，他

2004年宗庆后接待来宾

认为军人出身的任正非有一套独特的管理方法，主业深耕，强势治理，与宗庆后某些风格颇为相似。

娃哈哈集团公司是高度集中的管理模式，全国近百家子公司仅仅相当于总部的生产车间，子公司总经理其实就是大的车间主任。宗庆后的管理并不是简单的家长制，早在2003年，娃哈哈就陆续开发了销售、财务和采购等一系列信息化ERP管理系统。由于宗庆后不会使用电脑，每天都会有专人将他的批示件扫描后再线上传达。

有人拿万科的王石与宗庆后比较。据说王石有一半时间在外面登山旅游，而万科的经营管理照样有序运转；而宗庆后每天工作16小时以上，凡事喜欢亲历亲为，如果宗庆后突然离开娃哈哈半年，娃哈哈的经营管理一定会失去方向与重心；对此，宗庆后除了解释两者行业不同外，也进行了一些反思与改变。

为了组织的基业常青，宗庆后开始尝试分权，2016年初，有两个优秀大区经理提升为集团公司副总经理，这是一个明显的组织架构调整信号。

宗庆后将娃哈哈的管理思想总结为"高度集中下的分级授权管理""大权独揽，小权分散"。宗庆后坦言："开始创业的时候，确实是什么事情都是我批示。现在不可能一点小事都是我来批示，娃哈哈已经实行分级授权。"宗庆后曾发出感慨，中国人是比较难管理的，因为中国人聪明，都想当"皇帝"。

现金为王，解除企业发展后顾之忧

宗庆后认为现金流是企业的血液，充裕的现金流是支撑企业快速发展的基本保障。现金为王是宗庆后企业管理中一个重要抓手，也是他长期管理实践中总结的铁律之一。

在华尔街有一条永恒的信念，那就是"现金为王"。犹太人对现金的重视几乎到了不可思议的地步。他们宁愿赚今天的10元现金，也不赚明天30元的账务，落袋为安才是真赚钱！

宗庆后通过联销体代理商的"保证金"，很好地解决了呆账、坏账和现金流问题。据了解，娃哈哈有近200亿元现金存在银行。

有人认为宗庆后不会理财，但宗庆后始终不为所动，他认为现金流是企业的血液，充裕的现金流是支撑企业快速发展的基本保障。

宗庆后说，现金充足有两个好处：一是企业发展没有后顾之忧，二是在经济下行的时候可以出手"捡便宜"。

2016年8月27日，宗庆后在出席2016年中国500强企业高峰论坛时表示，娃哈哈目前仍然没有一分钱的银行贷款，还有大量的银行存款，这也是管理上的一种创新。

跟进创新，小步快跑稳步发展

42岁开始创业的宗庆后决策力求相对稳妥，在产品研发上遵循跟进创新策略，适度超前，不好高骛远，不做能力以外的事。但宗庆后高度重视企业创新能力建设，一旦认准的事他会力排众议，强力推进。

娃哈哈创业以来，宗庆后一直坚守饮料主业发展，坚持谨慎的滚动发展，坚决不做心中无底的事情。一旦抓住机遇就大干快上，被称之为"小步快跑"策略。

宗庆后认为太超前未必是好事，坚持适度超前理念。"别好高骛远，快半步是先驱，快一步是先烈！"宗庆后说。在新产品上采取跟进创新策略，比如市场上钙奶产品热销，他就"发明"了AD钙奶产品；市场上茶饮料风行，他就结合杭州茶产地特点，推出了"天堂水，龙井茶"的概念。娃哈哈每年都会推出5款以上新产品，并根据市场销售情况选择其中一款重拳推送。

宗庆后"小步快跑"最成功的案例当属于非常可乐的推出，在该产品研发上他严格执行适度创新的原则，决不在不适当的地方创新。

比如，纷煌可乐为了革命性的创新，在可乐中加些中药，美其明曰中国式的可乐。由于将大众公认的可乐口感革新掉了，纷煌可乐也被消费者抛弃。

娃哈哈拥有1万多平方米的科研大楼和1200平方米的中试车间和国家级技术中心，研发团队有200多位高中级人才。在娃哈哈的超级实验室里，每年都会有几十款跟进创新产品在这里诞生。

宗庆后也并非一味地跟进。2004年推出的"激活"饮料，含有南美的青春活力果"瓜拉那"，是一款娃哈哈自主研发的产品，以此为标志，娃哈哈从过去跟进开发转到了自主研发的新阶段。

发展遇瓶颈，争议中的多元化布局

由于饮料市场具有一定的季节性，加之整个饮料市场遇到瓶颈，为了冲击年产值1000亿元的目标，宗庆后曾多次尝试多元化之路，但收效不佳，还摊薄了娃哈哈作为饮料龙头品牌的效应。

摆脱与达能纠纷后，为谋求更大的发展空间，宗庆后提出了多元化发展战略。由于2002年进军儿童服装产业效益不佳的困扰，宗庆后对多元化布局显得较为谨慎。

矿产业曾是宗庆后看好的一个发展方向，但在澳大利亚等地考察后，还是放弃了铁矿的投资计划。宗庆后解释说："矿产投资风险太大，而且太过热门，价格炒得太高了，再加上我自己对这方面了解甚少，所以不得不选择了放弃。"

2010年5月，娃哈哈集团决定进军奶粉行业，与国内其他奶粉企业不同的是，娃哈哈生产的"爱迪生"奶粉，其生产、包装都是在荷兰进行的。也就是说，爱迪生奶粉实际上是由外国工厂为其贴牌生产的。宗庆后表示："我们把荷兰的优质奶源装进了娃哈哈的瓶子里，让它们服务于娃哈哈。"

2011年3月，爱迪生奶粉授权在淘宝商城开设爱迪生母婴旗舰店，这是娃哈哈对电子商务渠道的探索与尝试。但因爱迪生产品定位、定价、渠道、推广等系列失误，经营状况远未达到目标。

宗庆后投资的另一个领域是零售业。2012年11月29日，在娃哈哈25周年厂庆之际，娃哈哈在杭州钱江新城的娃欧商场正式开门迎客。该商场主营欧洲的二、三线品牌，其构想是直接从欧洲厂商拿货，在自建商场售卖，缩短中间环节，形成独特竞争优势。但商场运营不佳，当初建100个shopping mao的计划只得搁浅。

2013年11月5日，娃哈哈集团又宣布进入白酒行业，一款以贵州茅台镇为原产地的酱香型白酒"领酱国酒"正式上市。但到目前为止，"领酱国酒"业绩亦未达到预期。

关于多元化发展，有人说多元化是陷阱，容易拖累主业，应当做减法；有人说东方不亮西方亮，多元化是企业基业常青的必由之路，应当做加法。对此，宗庆后认为主要考虑三点：一是自身有没有需要，二是有没有实力，三是有没有机会。

智能制造是中国从制造大国走向制造强国的关键。娃哈哈从早期整线引进国外生产线，到后来引进单机自己集成自动化生产线，再到现在自行设计规划智能工厂。2015年，娃哈哈完成了串联机器人、并联机器人、平面机器人的研发，并应用于集团饮料生产线相关领域。

娃哈哈的多元化布局尽管取得了一定成绩，但笔者认为，根据美国特劳特定位理论，娃哈哈应坚守饮料行业品牌领导者的产业定位，顶住多元化发展诱惑，一心一意发展饮料产业，才是正确的选择。

有一个故事值得分享：江苏新沂人程德成在广州创业，开始，他经营发财树、巴铁、红掌等近百个品种，年销售额却一直徘徊在几百万元。后来接触到特劳特的定位理论，砍去大部分经营品牌，专心经营绿萝这一个花卉品种，结果，他的绿航牌绿萝占中国市场的半壁河山，年产值直逼亿元大关。

特劳特（中国）战略定位咨询公司总经理邓德隆先生对娃哈哈品牌战略延伸有着自己的观点，他认为这几乎是中国企业犯得最多也是危害最大的一种错误。他说，娃哈哈看起来很成功，但其品牌竞争力非常脆弱，因为娃哈哈将品牌延伸到饮用水、酸奶、钙奶、童装、八宝粥、营养液、绿茶、冰红茶、牛奶、果汁等众多领域，严重稀释了娃哈哈品牌的影响力。所幸，它起用了非常可乐和营养快线等新品牌，才得以逃过一劫，否则，后果不堪设想。

同为浙商的香飘飘董事长蒋建琪的一篇关于定位理论的演讲稿，或许对娃哈哈多元化布局有借鉴意义。

香飘飘：用定位重新聚焦

蒋建琪

"香飘飘"开创至今已有7年，经历了3个阶段，首先是从产品上市到竞争对手出现之前的"创业期"（2004年下半年—2006年上三年）；其次是从竞争对手出现到引入定位理论之前的"竞争期"（2006年下半年—2009年上半年）；第三是引入定位理论直到现在的"定位期"（2009年下半年至今）。为什么称上半年、下半年呢？香飘飘的一个完整的销售周期是从每年下半年8月份启动，到第二年5月份的时候结束，我们称为一个"财年"。

飘起来之后的"坠落"

2004年的某一天，我在街头看到一个奶茶店门口，人们在排着队买珍珠奶茶。我突发奇想：为什么不可以把街头的奶茶方便化、品牌化呢？我们请杭州市科技农业研究所帮助研发配方，请设计公司设计包装，还冥思苦想为产品命名，大约半年多以后，产品研制成功。

在产品上市之前，我们只选择了浙江温州、湖州和江苏无锡、苏州四个城市，每个城市只选取了中学、大学、标准超市、卖场各一所进行试销售，每个销售单位公司都安排人员跟踪，将结果画成图表，半年的测试结果令人满意，这是一个有潜力的产品。

2005年之后，我们一方面改进改良产品并扩大产能；另一方面制作广告，集中资源在湖南卫视进行投放，为全面上市做准备。同时在全国糖酒会上向全国招商，仅一个月，产品就得到全国市场热烈响应，开始供不应求，账面上资金迅速攀升到四、五千万（我们当时的自有资金还不到一千万）。

回顾这个时期，其实我们的很多做法是暗合"定位理论"的，只是自己不知道，所以创业期的成功现在看来也不是偶然的。在创业期，我的体会是：第一，要选择一个有潜力的产品，最好是开创性的产品，但将之投放市场之前，不能凭空想象市场的反应，也不能轻信市调公司，必须经过试销检验。第二，要赋予产品一个好名字，名字也是生产力，这个概念特劳特先生也是再三提到的。第三，产品一旦进入全国市场销售，广告宣传要迅速跟进。第四，媒体宣传要把产品与品牌名称高度结合，目的就是要让品牌名称成为产品的代名词。比如：消费者不说要喝"奶茶"，而是说要喝"香飘飘"。

在中国快消品市场，某一产品走红以后，一定会有大批跟随者。2006年下半年，全国一下子冒出几十家奶茶品牌。其中最有竞争力的是广东省某著名食品企业，它以果冻起家，沉浸食品行业很多年，无论是资金实力，还是经销商网络、销售团队的规模，香飘飘与它不是一个体量级的。

最开始，他们犯了一个严重的失误：把果冻品牌延伸到了奶茶上，尽管他们的铺市能力很强，广告力度也几乎比我们大三倍，市场反应却并不好，并未对香飘飘构成什么冲击。

但是，这位竞争对手毕竟具有丰富的市场经验，他们很快意识到了自己所犯的错误，而且有壮士断腕的勇气。2007年下半年，他们将市场上的旧品牌奶茶全部收回，推倒重来，重新命名品牌、更换包装，推出一个全新品牌。这是需要勇气的，值得我们尊敬。

从此一场真正的竞争开始了

在2007年下半年至2009年上半年两个财年里，对手穷追猛打，价格战、渠道战、广告战，用他们强大的销售团队和密集的经销网络，对香飘飘发动了全面地进攻，扬言不惜一切代价、不以利润思维，在两年内要拿下香飘飘。当时他们的广告投放量是我们的2倍，销售团队人数起码是我们的4~5倍。

这个时期，"香飘飘"又在做什么呢？由于初期对手的失误，让我们觉得他们也没有想象中那么厉害，再加上开创期的顺风顺水，可以叫春风得意、踌躇满志，就像香飘飘一样飘起来了。于是，我们在2007年出台了一个"宏大"的公司发展规划：

一是上一个替代方便面的方便年糕项目；二是开奶茶连锁店，进军餐饮业；三是进军房地产市场。说干就干，整个方便年糕项目投资3000多万元，还开了两家奶茶店，生意居然还很好。

一方面我们面临强大对手的强大攻势；另一方面我们还要分兵作战，2008年下半年，对手的销量就不断冲击我们，2009年上半年，已经非常接近我们，香飘飘的市场形势岌岌可危。

"定位"之后的成功

2009年的下半年，一个偶然的机会，我们认识了特劳特中国专家团队，为香飘飘进行全面的诊断，并进行了定位，核心内容是：第一，砍掉一切与杯装奶茶不相关的业务；第二，鲜明诉求该行业的领导者地位，向消费者传达一个信息：香飘飘是杯装奶茶的开创者，是全国销量最大的企业，一年内的杯装销量可绕地球一圈这就是全国人民几乎都知道的"香飘飘 奶茶绕地球"的由来。

我们采纳了特劳特公司的建议

第二点好办，我们可以马上请广告公司重拍广告。第一点有些难办，当时我们的年糕项目已投了3000多万元，关闭该项目，公司内部争议很大，但我们还是果断地砍掉了。奶茶连锁店当时开了两家店，生意都很好，一家店每年可以挣50万元，后来也全部卖掉了。至于房地产项目，前期投资收尾以后我们就不再做了。房地产对于实体企业来说是一种投机行为，但确实是暴利行业，我验证过。经过这一轮痛苦的聚焦，定位理论在香飘飘显示出威力来。2009年下半年至2010年上半年，销量从3亿多杯一下子跃升到7亿多杯，从绕地球1圈到绕地球2圈，公司内部也大受鼓舞。

2010年，我们还碰到了一个众所周知的问题：通货膨胀导致原材料涨价。香飘飘决定率先涨价，为什么要做这样的决定呢？作为细分行业的领导品牌，如果香飘飘不涨价，大家维持在低利润率的情况下，对行业健康发展不利。当时我们也认真评估过，对手有两种可能的反应：跟涨或不涨。我们都做了相应的预案。但我们唯独没有想到，对手不涨反降。他们为了趁机扩大市场份额，采取了降价措施。即便如此，香飘飘销量照样持续增长，年销量从绕地球两圈多到三圈多，这就是定位的力量。

进入2011年之后，公司运营状况非常好，销量与去年同比持续快速增长。可以预见，如果没有意外情况，销量在去年的基础上"再绕地球一圈"应该没有问题，我们与竞争对手的距离已经拉开了，基本保持住了第一品牌的地位。

在定位实践期，我们的体会是什么呢？

第一点体会，涨价是对的。作为一个市场品类的领导者，我们应该为整个品类的健康发展做出贡献，即使有所牺牲、面临压力，也要承担责任。

第二点体会，厘清了价格、销量、利润和定位之间的关系。如果没有定位，你就要打价格战：价格高、销量小、利润就低；价格低、销量大、利润还是低；如果有定位，价格高、销量大，利润就高。所以经过这次涨价事件，我个人对特劳特的定位理论已经从"相信"升格到"崇拜"了。

第三点就是"牺牲"法则。我们很多企业就是放不下，舍不得。特劳特先生在"牺牲法则"中讲过：有所失，才能有所得。我再加上一句：大舍大得、小舍小得、不舍不得，什么都不舍得，就什么都得不到。

我们在实际经营中，会有意无意应用到一些特劳特先生的定位知识，但是我们知其然而不知其所以然，没有上升到理论的高度，就会在过程中犯错误。一个企业说到底什么最重要？战略最重要，这是路线问题，是方向问题，而战略的核心正是品牌的定位。在中国，做一个品牌不容易，真正要成就一个伟大的品牌是非常困难的。真正要成就一个品牌，要挡得住诱惑，耐得住寂寞。

资深战略定位实战专家谢伟山点评

企业家要知道，定位就是如何直取消费者心智。定位换一个说法是什么呢？就是如何去创建消费者的认知优势。在定位的实践中，香飘飘抓住了两个特别重要的环节。

第一，发现并把握机会。时机一旦错过，只要出手就会吃亏。外面人家兵强马壮，销售网络极其发达，资源极其雄厚，品牌如日中天，你这时候过去，很容易就会产生很大的亏损。所以，当你发现一个机会首先要悄悄进入，一旦成功要赶紧上广告，把这个品牌植入消费者心智。做奶茶店也会赚钱，但是会使你失去这个机会点，得不到这个位置，赚的钱也都会烟消云散。你一定是要舍得赚钱项目都不做，聚焦一点，要像激光一样有穿透力，这样才能缔造一个企业的神话。

第二，是勇于承担责任。一提到调价的问题，很多人都会觉得很困难，怎么保持速度，这个价格怎么涨，这让人很纠结。香飘飘认为，作为行业的领导者，要有担当，要有责任。如果不涨价，你去看，那些供应商就会没有利润，没有利润会是什么情况？整个行业就会出现"三聚氰胺"现象，在市场终端低价格、无利润，就会在产品端出问题。作为行业老大，要维护整个品类的健康发展，把价格提上去，使整个产业链有钱赚，就没人去破坏规则，就不会出现中国一个又一个行业不合理的阴暗现象。行业老大要对整个行业、消费者乃至社会负责任。所以，当时加多宝的阳总宁愿牺牲他打下的江山，也要还一个行业的真正价值，这是一个领导者应该肩负的责任。当然，肩负责任的前提是什么呢？是在顾客心智中创建认知优势，把品牌做强，这样才会有履行这种责任的基础和可能性。

坚守饮料主业，荣获"首富"桂冠

多年来，宗庆后始终坚守饮料主业，坚持实业报国。2010年以来，宗庆后多次荣获《福布斯》和胡润排行榜中国大陆首富。首富只是一个符号，宗庆后依然保持简朴的生活习惯，依然奔波在生产管理一线。

2012年10月12日，在《福布斯》新闻发布会上获悉，宗庆后以100亿美元资产成为中国内地首富，这是2010年之后，他再次成为《福布斯》和胡润排行榜的"双料首富"。

"一个卖水的成了首富！"宗庆后在中国最传统的食品饮料行业，通过20多年辛勤不辍的刻苦经营，赢得了属于这个时代的桂冠，是真正的平民首富。

宗庆后何以靠卖水成为大陆首富？除了我们前面谈到的创新与眼光，宗庆后对企业的内部管理也有其独特的一面，比如重视人才和低成本战略。

宗庆后认为，人力资本已代替金融成为新的稀有资源，必须先让员工成长，公司自然得到成长，能否吸引激励人才的创造性劳动，已经成为企业竞争的重要因素之一。

关于低成本战略，宗庆后认为企业管理必须要精耕细作，正所谓细节决定成败。抓细是为了求精，通过生产、市场各个环节抓细抓实，"积跬步而致千里。"比对手各个方面好一点点，那么，企业就会形成综合的竞争力。

虽是首富，宗庆后却不喜欢贵族运动，既不打高尔夫，也不玩游艇、帆船和赛马。一日三餐正常在公司食堂，咸菜与豆腐乳是他的最爱，对南京的咸水鸭也很喜欢。他常常早上六点上班工作到晚上十一点，没有时间旅游，甚至到近在咫尺的西湖边喝茶都是奢望。

成为"中国首富"之后，大大提升了宗庆后的知名度与影响力。2010年6月9日，在上海世博会上，菲律宾总统阿罗约与其会面并邀请其到菲考察投资。宗庆后从不被光环和浮华所累，一直保持着率性务实的本性。2014年初，英国女王邀请宗庆后参加白金汉宫的晚宴，对这样特别有排场的事，宗庆后竟婉言谢绝。

建言献策，履行企业家使命

作为三届全国人大代表，宗庆后深入基层倾听群众呼声，几乎每次"两会"期间都会有含金量很高的提案，有的还成为媒体跟踪报道的焦点。作为平民首富，宗庆后心怀浓浓的为民情怀，尽心尽职地履行一名人大代表的责任。

自2003年首次当选全国人大代表，宗庆后已经连任三届。宗庆后的提案远远超出了其从事的食品饮料行业，包括简政放

2015年作者与宗庆后在北京

权、"三农"问题、个税起征点、教育改革、食品安全、限制外资垄断、房价及城镇化等众多领域。

2010年6月10日,宗庆后在"如何做一名合格的企业家"演讲中,提出了五种企业家精神:创新、合作、敬业、学习和诚信。

宗庆后认为:为这个世界本身的进步和建设提供意见,提供建设性的思维模式,这才是企业家带给这个世界的最大感动。

在2015年杭州G20峰会前夕,宗庆后作为杭州市民和一个曾经参加过B20的杭州企业家,面对媒体,宗庆后谈到G20对杭州的意义:一是提高知名度。可以让世界这么多重量级的人物亲身感受到杭州的美、西湖的美。二是增加合作机会。很多国外知名企业家亲临杭州,提供了难得的中外企业家交流平台,促进了双方的了解和信任,自然增加了合作的机会。三是提前享受福利。因为G20峰会,机场路、杭州东站、入城口等一批重点基础设施工程得到大力推进,让杭州市民真切享受到G20带来的公共福利。

面对不断升温的互联网经济,宗庆后认为,互联网是很好的平台和工具,发展互联网的本意应该是支持实体经济发展。他呼吁,加强对虚拟经济的监管,同时要大力发展实体经济,特别是制造业,这是立国之本,强国之本。

"我永远为我们伟大的祖国骄傲,永远为祖国人民效劳。我是属鸡的,黎明即起,到晚不歇,我要为我国经济社会发展奋斗到底!"宗庆后满怀感情地对媒体说道。

第六章

传 承 发 展
——“娃哈哈”的未来挑战

在娃哈哈成立25周年的大会上，宗馥莉被宣布为娃哈哈的传承人。但不甘"啃老"的宗馥莉，更希望以创二代的姿态来生活。

勤奋、强势、开明、事必躬亲，这是宗庆后；一样的勤奋、不一样的强势、直来直去、叛逆与创新，这是宗馥莉。父亲吃大饼油条，女儿吃牛奶面包，难免会出现一些观念的碰撞与争论。

经过30年的高速发展，娃哈哈面临新的转型与挑战，宗馥莉能否带领娃哈哈续写新的传奇，值得期待。

文化传承，宗馥莉努力开启娃哈哈新未来

2012年11月，在娃哈哈成立25周年大会上，宗馥莉被宣布为娃哈哈的传承人。宗馥莉继承了宗庆后的勤奋与果敢，加之西方教育经历，能否带领娃哈哈实现新的转型与发展，续写娃哈哈新的传奇？值得期待。

宗馥莉，宗庆后的独生女儿。1996年赴美国留学，2004年学成回国，2005年进入娃哈哈管理层，任杭州娃哈哈萧山基地管委会副主任，后兼任杭州娃哈哈童装有限公司与杭州娃哈哈卡倩日化用品有限公司总经理。

因为在美国度过了青葱岁月，宗馥莉有着更多的"美式思维"，比如崇尚规章制度，喜欢直来直往的表达。而父亲宗庆后则是传统的中国思维模式，东西方文化之间的碰撞有时也会在父女之间发生。"父亲吃大饼油条，女儿吃牛奶面包。"《中国企业家》如此比喻。

宗馥莉首次独立亮相是在宗馥莉一次性向浙江大学教育基金捐赠7000万元仪式上，此款专项用于建设"浙江大学馥莉食品研究院。

宗馥莉继承父亲的强势与果敢，她的"工作狂"劲头与宗庆后简直如出一辙。对这位富二代更多的评价是：严肃、利落、勤奋，被称为娃哈哈第二勤奋的人。

2013年10月26日，宗馥莉获得"浙商新星奖"，为她颁奖的

正是她的父亲宗庆后。

面对娃哈哈未来的转型与挑战，宗馥莉坦言：娃哈哈这个重量级的企业，如果没有几个年销售收入超过几十亿、甚至上百亿的核心产品支撑，这个企业注定是不安全的。

宗馥莉不支持老爸的跨界多元化，她认为国际化是娃哈哈的必由之路。她说："真正的国际化不是卖几瓶饮料到国外，而是整个生产链，包括生产、销售和采购供应链都在全球建设。"

从人情到制度，从个人到团队，既要懂得本土环境，又要抓住时代的脉搏，宗馥莉掌控的娃哈哈宏胜饮料集团正在进行一些变革。

最近，宗馥莉推出一款以自己英文名字命名的新产品kelly one果蔬果汁饮料首先在上海发售。它通过互联网线上下单，线下定制生产，消费群体定位为一群有好奇心的"饮料极客"，当然，如此大胆创新与尝试，对宏胜来说将是一个不小的冒险。

作为具有国际化视野的娃哈哈传承人宗馥莉，能否带领娃哈哈实现新的转型与发展，续写娃哈哈新的传奇？大家正试目以待。

第三只眼看娃哈哈，给宗庆后董事长的建议书

宗庆后董事长：

您好！

30年来，娃哈哈从无到有，由小到大，儿童营养液，果奶、纯净水、茶饮料、八宝粥、非常可乐、营养快线等系列产品给消费者带来丰富的体验，娃哈哈也成长为中国饮料界的龙头老大。

在如今的经济新常态背景下，由改革开放初期相对短缺经济演化为相对过剩经济，许多企业谋求新的转型与发展，以适应新形势下的经济发展环境。

作为娃哈哈集团的一名荣誉员工，我长期关注娃哈哈的发展变化，我以为娃哈哈也需要与时俱进，在生产及市场运营等各方面来一次较为深刻的创新与变革，促进娃哈哈又好又快的发展，现建议如下：

一、创新市场运营机制，提升经销商积极性

自娃哈哈创业初期开始，您一直高度重视市场需求与变化，通过跟进创新策略，打造了一批又一批适销对路的产品。

尤其您一手打造的"联销体"经营模式，既解决了娃哈哈的资金风险，又极大地发挥了经销商主动营销的积极性，通过打开销路成为娃哈哈核心竞争力之一。

容我直言，目前，"联销体"模式同时也降低了公司对市场的敏感度。为什么这样说？因为通过保证金制度，娃哈哈公司账

面报表来看，产品已经销售而且货款完成回笼，而实际相当部分产品压在经销商仓库里，随着保质期的临近，一些经销商不得降价处理。而接下来还要以此为基数作为下一阶段的量化考核，以至于滞销产品不能迅速反馈到决策层。

举的例子可能属于个别现象，但确是宿迁经销商李尚卫提供的真实情况，所以，必须尽快改革经销商考核模式，否则，不利于调动经销商的积极性。

二、提升研发创新能力，打造一批消费者真心喜爱的产品

这么多年来，娃哈哈抵制各种诱惑，始终坚守饮料主业发展，在消费者心中树起实体经济的一面旗帜。但不容否认的是，娃哈哈一些产品包装简单粗糙，甚至娃哈哈冰红茶等产品包装十多年没有变化。

当然，近期市场见到获得杭州G20峰会大奖的娃哈哈金钻水这种全新的产品，令消费者眼前一亮，大有王者归来的气势。但我以为这与娃哈哈饮料霸主地位相比还远远不够，需要在更多领域推出全新的产品。

我们知道，娃哈哈曾经按照农村包围城市理论取得很好的成绩，但如今的娃哈哈仅靠跟进创新还不够，应该是在饮料界引领创新。比如，应推出一款商务原生态高端水，和一般大众水相呼应，真正树立以水起家、以水兴家的霸主形象。

三、毫不动摇坚守饮料产业定位，谨慎谋求多元化发展

30年来，一代人喝着娃哈哈唱着娃哈哈长大的，娃哈哈作为饮料产业知名品牌已经溶入人们的心中，如果将娃哈哈品牌延伸到非饮料产品，势必会摊薄娃哈哈作为饮料的主业品牌。

关于多元化发展的讨论已经太多，有的说多元化是陷阱，有的说多元化可以突破发展瓶颈。我以为对多元化发展，娃哈哈应慎之又慎，毕竟隔行如隔山，一定程度会影响主业的专业发展。

近来，我们发现娃哈哈在央视广告少了许多，可能是因为娃哈哈已经成为一个家喻户晓的知名品牌了。我建议娃哈哈在利润中明确科研经费比例、广告推广比例，以保障娃哈哈长期可持续发展。

当然，广告的形式应结合当前互联网和自媒体时代特点予以创新，创造出像当年"喝了娃哈哈，吃饭就是香"这样精典的广告语。

马云与您同在杭州，刘强东和您都出生在宿迁，期盼娃哈哈能主动与阿里巴巴和京东合作，通过互联网更好地助推娃哈哈发展。

以上是我就娃哈哈在创新产品和市场运营机制以及坚守主业定位等方面给出粗浅的建议，无疑，娃哈哈谋求更大发展，一定需要全方位的革新与改革，进一步强化以人为本，充分发挥全体娃哈哈人的积极性，从而促进娃哈哈的健康发展。

最后，祝愿娃哈哈在打造百年企业的道路上越走越好，祝娃哈哈事业蒸蒸日上！

孟献国

2016年11月3日于江苏宿迁

回眸创业30年，宗庆后如是说

　　30年的娃哈哈创业历程，尤如一首激情澎湃的歌，对往昔峥嵘岁月的回忆，是欢乐的，也是酸楚的，更多是豪迈的。在娃哈哈创业30周年之际，宗庆后思绪满怀和无限感慨，希望更多的创业者因他而受到鼓舞，并成为主动创造新世界的力量。

　　一千个人的眼中会有一千个哈姆雷特，那么，一千个人的眼中也会有一千个娃哈哈。

　　但对于我来说，娃哈哈只有一个。

　　它是我的整个人生，所有的梦，一切的意义、价值、标签和符号。它是我在这个世界上存在过的证明。

　　我希望它成为百年企业，成为不朽的象征。这需要未来者为它注入新的生命。我所能赋予娃哈哈的，就像是李云龙为独立团所赋予的，那种叫作"灵魂"或是"精神"的东西。

　　我们之所以选择成为企业家，并非来自我们的本能，也并非我们真正的性格使然。我们只是在一个找不到出路的年代里，使劲儿地在为自己找一条出路。等到年纪大了，回头一看，自己竟然走出了一条路——一条水路，"弱水三千，我只取一瓢饮"的路。

　　我经营娃哈哈的30年当中，一直想做些能够实现个人价值也能为社会带来价值的事，比如创新产品、创造财富、不拖欠人家货款、不去欺负别人、公平交易……

　　我们都是艰苦创业，一路走过来的。我们没有外界渲染夸张的那种奢华生活。我们这些人，没时间去享受，生怕一享受了，贪图安逸了，企业就搞垮了；而且那些太古怪的东西，我们也不敢去经历。

我小时候的理想很多，后来被社会现实慢慢修正。有什么机会就抓住什么机会，就像《士兵突击》里的许三多一样，把每个机会都当作救命稻草，牢牢抓在手中。没有理想、没有目标是不行的。我年轻的时候在农场时就有想法，要把茶叶种得比别人更好。

几乎所有年轻人都想成为出类拔萃的人。你想干什么就干什么。出类拔萃的人也不少，但不是所有人都出类拔萃，大部分人都成了"类"而不是"萃"。奋斗的过程中有理想，有一个时代背景，还有一些偶然和运气，最后才能形成今天的"萃"。

我也不想娃哈哈带给我什么，它已经让我实现了我的个人价值。

我要一辈子把娃哈哈做到底，没有假如。

除了为这个国家提供一个娃哈哈、提供了那么多税收之外，我能为这个国家、这个时代提供最大价值的是更新观念。有一个宗庆后在这儿，大家就会觉得在中国踏踏实实地做商业、做实业，一点一点地积累，还是有希望、有前途的。有一个现成的模式摆在这儿，大家就会看到希望，会觉得在中国做商业，可以不靠资本市场，不去做PE，不去做创投VC，也能获得成功。以前大家都觉得做实业赚钱慢，玩资本来钱快，不用那么辛苦；现在大家会觉得，还是踏踏实实做实业，才会成为"首富"。

在商业生活中，我认为勤奋最重要，天道酬勤。如果按100分来预算，勤奋最起码要占七八十分。除勤奋之外，我比较会创新，比较低调。我的弱点是事无巨细地亲力亲为，大家对我依赖性比较强，我现在也慢慢地让部下们去历练。

这跟悟性有关系。我可能是无师自通的，也没去学人家的什么理论，完全是凭感觉和经验，判断一个问题应该怎么解决比较好，怎么去管理比较好，自己弄了一套东西，通过实践才知道对错。

这是看不见的价值，体现在人们的观感和内心上。在看得见的方面，我觉得最大的慈善是在欠发达地区和少数民族地区投资建厂，"授之以鱼不如授之以渔"。我们的原则是救急不救穷，碰到大的自然灾害，我们也慷慨解囊，伸手援助。

企业只有不断地创造财富才能更多的承担社会责任和推进社会进步，才能给更多的人带去欢乐。企业家不但要会赚钱，会经营企业，更需要社会责任感，有良心的财富才有意义。

中国曾经是世界强国，中华民族也是很伟大的民族，只是在清朝末期，我们闭关锁国，才挨外国人打，最后把自信心打掉了。中国人如今搞了三十多年改革开放，就搞成了今天这样子，说明中华民族还是了不起的。

我来自社会基层，了解老百姓的想法。老百姓不需要我们那么强势地去管理。现在社会风气大不如前，主要是老百姓的生活水平还没跟上整个经济发展。这需要物质基础。有了物质基础，老百姓道德水平和自制意识提升后，你不用管他，他知道什么事能干，什么事不能干，这样社会才能管好。这就是社会转型时期，这就是整个社会的燃点、沸点。

你得看明白，人的本性是自私的，满足一定的条件才会有无私，物质文明有了才会有精神文明。

世界每天都在改变，不变的是我们内心亘古的准则与律令。"首富"不能代表任何意义，但娃哈哈矗立在那儿，没有谁可以动摇。

我这个人心态比较好。

我生命中最快乐的时光，就是把这个事做成了的这三十年。

一个人最伟大的成就，应该是为社会创造了什么。

当我站在斯坦福论坛的讲台上，面对世界名流和年轻的学子，我看到了和平与战争、富裕与贫穷、奢侈与勤俭、贪婪与美德如同影子一般相互随形。如果说"平行世界"，我说，就存在于当下，此刻，我们看到的两种极端的并存。

在直觉之外，我体悟到生命本身的盛大。在财经的世界里，我们没有依靠，但也正是这种独立与自觉，给了我们更大的精神上的自由。

首富是一个桂冠，但是我并不想沦为一个财富的符号。卓越的企业家在价值积累的过程中，聚沙成塔，终将完成一个天命，那就是达到"无我""无物"的境界，为这个世界本身的进步和建设提供意见，提供建设性的思维模式和建设性的处世方案，这才是企业家带给这个世界的最大感动，亦同时是一个人的存在价值。比如，为"平行世界"中的那个弱势的世界提供帮助，弥补这个世界的残缺，推动社会进步。

这个世界是联系在一起的。你和我，比我们想象的紧密得多。也许，"自他同体"一说，有点玄妙，但是，道，在任何一个事物达到完美时，就会自然呈现。只是在追求完美的过程中，我们要舍得自己。

　　我是一个普通人，从底层崛起的凡人，幸运的是，我生于一个大时代；更幸运的是，我获得了一个机会，缔造了一家公司，并且因之而成为"中国首富"，得到了价值的实现与认同。

　　我唯一的念头是，当我真的老去，我可以对所有人说："我这一生，并不非凡，但我干了一番事业，改变了一些人的命运，为这个时代、这个社会和这个国家提供了一些正能量。很多人因我而受到鼓舞，成为主动打造新世界的力量。"

　　真希望他们回答我："不用担心，我们的看法相去不远。"

　　"雄关漫道真如铁，而今迈步从头越。"

　　娃哈哈已经走过了30年，让我们一同迎接与展望下一个30年……

附 录

娃哈哈创业30年大事记

序号	时间	事件
1	1987年5月1日	杭州市上城区校办企业经销部挂牌，宗庆后担任经理
2	1987年7月4日	杭州市计划委员会下文批复同意建立"杭州保灵儿童营养食品厂"
3	1988年10月20日	娃哈哈儿童营养液在杭州市清泰街正式投产
4	1991年9月3日	杭州娃哈哈正式兼并杭州罐头厂
5	1993年5月28日	杭州娃哈哈下沙基地破土动工
6	1994年初	娃哈哈正式推出"联销体"模式
7	1994年10月19日	娃哈哈与涪陵市政府签订合作协议，成立杭州娃哈哈集团涪陵有限公司，拉开了"销地产"战略序幕
8	1996年3月28日	娃哈哈与达能及香港百富勤合资仪式，在浙江人民大会堂举行，达能注资4500万美元
9	1998年6月10日	"非常可乐"广告出现在法国世界杯首场足球赛上，"非常可乐，中国人自己的可乐！"
10	2002年5月20日	娃哈哈童装公司在北京举办童装展示发布会
11	2005年8月17日	宗庆后率队考察江苏宿迁并确定投资两条生产线

序号	时间	事件
12	2007年4月3日	《宗庆后后悔了》的新闻报道出现在《经济参考报》，揭开达能与娃哈哈品牌纠纷的序幕
13	2009年9月30日	达能与娃哈哈在北京签署和解协议，达能作价3亿欧元退出与娃哈哈合资
14	2012年10月12日	《福布斯》发布宗庆后以100亿美元资产成为中国内地首富，这是继2010年再次成为《福布斯》和胡润排行榜的"双料首富"
15	2013年10月26日	宗馥莉获得"浙商新星奖"
16	2016年6月6日	2016年"娃哈哈杯"包装设计国际大赛启动
17	2016年12月1日	娃哈哈营养快线荣获2016中国食品七星经典奖
18	2016年12月12日	娃哈哈以533.86亿元品牌价值位列酒水饮料类别第一名

后　记

　　娃哈哈集团总部位于杭州火车站附近的一幢小楼，一面飘扬的五星红旗是明显的标志，简洁而朴素，很难与"首富"的办公地点联系在一起。对娃哈哈的关注始于20年前，但提炼娃哈哈的经营思想是困难的，娃哈哈的管理方法有着独特的宗氏烙印，方法很土，但很实用，娃哈哈的模式看似简单却很难复制。

　　娃哈哈，是一首歌，是一家企业，也是一个商标，其传奇性缘于宗庆后。宗庆后42岁开始创业，经过二十多年的艰苦奋斗，成为中国大陆首富，书写了一段平民企业家的创业奇迹。

　　目前，"大众创业，万众创新"正在960万平方公里大地上掀起浪潮。创业征途中注定不是平坦的，在遭遇困难与挫折时，创业者难免会产生一些迷惘。相信宗庆后的创业经历和娃哈哈传奇会给出一些启示与动力。

　　三年多的创作，在孙曙生、王韵钢、孙远贵和佟道顺等朋友的鼓励下，值娃哈哈创业30周年前夕，我终于完成《传琦娃哈哈》书稿，在比衷心感谢各界朋友的帮助！

　　琦者，美玉也。谨以此书向民族品牌娃哈哈创业30周年献礼，也给自己17年招商生涯一个注脚。

孟献国　于南京水佐岗49号

2017年1月3日